ANTOINE ROUSSEAUX

LA BASE

COMMENT MAÎTRISER SES FINANCES PERSONNELLES EN MOINS DE 10 MIN PAR MOIS

Création graphique
et mise en page : Elodie Levrero

Crédits illustrations : ProSymbols/Noun Project, DPIcons/Noun Project, Komkrit Noenpoempisut/ Noun Project et Adrien Coquet/Noun Project.

Achevé d'imprimer en novembre 2022
par fantasticbook en France.

INTRODUCTION

L'argent est au cœur de nos sociétés.

L'argent est au cœur d'une grande partie de nos décisions. Pourtant, nous parlons rarement d'argent et encore moins de comment maîtriser cette énergie qui nous permet de faciliter les échanges.

L'argent a toujours eu une grande importance pour moi, non pas pour le rôle qu'il joue dans l'acquisition de possessions ma- térielles, mais plutôt pour la liberté de choix et de décision qu'il pouvait apporter.

Cela a commencé dès mon plus jeune âge. Mes parents, comme tous bons parents, me disaient toujours : « si tu veux l'avoir, tu n'as qu'à te le payer ».

C'est donc très tôt que j'ai cherché comment je pouvais gagner de l'argent, que ce soit en aidant dans le commerce de mes pa- rents ou en vendant des services et différents produits.

Le clou a été enfoncé dans mon esprit lorsque j'étais en 3e. Ma prof principale me qualifiait d'élève en échec scolaire (je n'ai pourtant jamais été l'un de ses élèves).
La peur de ne jamais trouver un emploi qui me permettrait de subvenir à mes besoins m'a alors saisi.
Je ne pensais pas gérer mon argent différemment des autres jusqu'au jour où je me suis rendu compte que mon grand frère se retrouvait souvent à découvert en fin de mois alors que mon compte était encore dans le vert.
Nous avions pourtant à peu près le même style de vie et surtout, nous avions les mêmes ressources.
C'est alors que j'ai compris que les mêmes ressources ne donnent pas le même résultat en fonction du système que l'on utilisait. Cette différence s'est accentuée lorsque j'ai commencé à travail- ler à Paris. Certains de mes amis gagnaient comme moi ou plus, mais ils étaient chaque mois en difficulté financière. Encore une fois, je n'avais pas l'impression de me restreindre sur les sorties ou autres, puisque j'étais en général celui qui était le plus sou- vent dehors.
C'est alors que j'ai vraiment compris qu'il y avait une différence dans la façon dont je gérais mon argent. J'ai commencé à en par- ler autour de moi. C'est ainsi qu'est né le blog et le site "Rous- seau les bons tuyaux" puis a suivi la chaîne YouTube qui m'a permis

d'exprimer en vidéo toutes ces trouvailles et ces idées pour faciliter sa gestion de l'argent.

Ce que je préfère dans l'argent, c'est le fait qu'il nous permette d'investir, soit en nous-mêmes soit en le faisant travailler.

Si nous ne faisons jamais travailler notre argent, nous sommes alors condamnés à toujours travailler pour l'argent.

C'est pour ça qu'il est, pour moi, essentiel de savoir comment gérer son argent et c'est ce que nous verrons dans ce livre.

J'ai un petit secret à vous confier : je suis un grand fainéant. C'est-à-dire que peu importe la tâche qu'on me donne, je vais d'abord réfléchir à comment faire pour que cette tâche me prenne le moins d'énergie possible et surtout le moins de temps possible. C'est donc naturellement que je suis devenu un fan de l'automatisation.

Je préfère tout faire une fois en automatique plutôt que de de- voir tout refaire à chaque fois.

Cela choquera sans doute certaines personnes, mais ce livre ne vous dit pas de faire un budget, ce livre ne vous dit pas de comp- ter chaque dépense. Non. Ici, nous allons nous concentrer sur la prise de décisions en amont car ce sont ces décisions prises avec du recul qui vont vraiment vous faciliter la vie. Ne croyez pas que réfléchir au fait de payer un café trois ou cinq euros aura un impact sur votre vie. Je vous parle plutôt des décisions qui sont prises en amont sur la destination de votre argent. C'est en effet là que nous pouvons faire la différence. L'avantage, c'est que ça vous prendra peu de temps.

Peu importe combien vous gagnez, c'est l'action que vous aurez sur votre argent en fonction des pourcentages qui est impor- tante.

Nous verrons en première partie comment changer votre rela- tion à l'argent ainsi que d'où il vient et où il part. En seconde partie, vous mettrez en place un système qui vous prendra moins de cinq minutes par mois pour gérer vos finances personnelles. Enfin, en troisième partie, vous verrez comment mettre en place ce système pour vos investissements.

PARTIE 1
LES BONNES CROYANCES

CHAPITRE 1
PARDONNER, AIMER L'ARGENT

Combien avez-vous sur votre compte bancaire ?

Cette simple question peut mettre très mal à l'aise, puisqu'elle parle d'argent.

Étrangement, sur les plateaux TV, on parle plus facilement de sexualité que d'argent. L'argent est l'un des sujets qui implique le plus de jugement.

L'argent est un mot désagréable dans la langue française. Il a, pour beaucoup, une connotation négative.

Comme disait Coluche : « Si on écoutait ce qui se dit, les riches seraient les méchants, les pauvres, les gentils. Alors pourquoi tout le monde veut devenir méchant ? »

Je me souviens encore très bien de cette histoire. Nous étions en Corse et la fille des amis de mes parents portait un regard étrange sur ce qui nous entourait.

Si vous avez déjà eu la chance d'aller en Corse, cette fameuse île qui porte bien son surnom d'île de beauté, vous avez pu remarquer qu'en général, les constructions sont plutôt agréables à regarder. Nous pourrions spéculer dans tous les sens pour savoir pour- quoi l'architecture de ces maisons est plus esthétique que sur d'autres côtes de notre pays. C'est peut-être parce que construire en Corse est plus cher, donc les futurs propriétaires choisissent un bon architecte, ou peut-être est-ce la municipalité qui sou- haite préserver visuellement l'environnement. Toujours est-il que vous pouvez trouver sur l'île des demeures dans lesquelles vous avez toujours rêvé de passer des vacances.

Cette jeune fille, que nous appellerons Natacha, n'avait pas le même point de vue que nous sur ces habitations. Elle dévelop- pait une certaine haine contre toute la richesse qu'elle voyait.

À plusieurs reprises, elle se moquait de cette opulence en di- sant "regardez ces bourgeois, comme s'il y avait besoin de ci ou ça", en oubliant parfois que pour construire un yacht, beaucoup d'artisans et de techniciens sont mobilisés, ce qui contribue à la création d'emplois.

Si vous rencontriez Natacha, vous pourriez même peut-être penser qu'elle est communiste, ce fameux modèle économique appliqué maintes et maintes fois et qui a toujours prouvé ne pas être compatible avec notre nature humaine.

Pourtant, un jour, mes parents m'annoncent une nouvelle : après avoir fini son école de commerce, Natacha a dit oui à un poste de marketing au sein de la célèbre multinationale Nike. Manifestement, tant que nous n'en bénéficions pas, nous n'ai- mons pas le capitalisme, mais dès qu'il peut jouer en notre fa- veur, nous l'accueillons à bras ouverts.

Ce n'est pas vraiment le capitalisme qui nous fait peur, mais c'est plutôt l'argent. Pourtant, l'argent est sans doute une des plus belles inventions. Oui.

À noter que quand je parle d'argent, je parle de l'accumulation de richesses dans une certaine monnaie.

Grâce à l'argent, nous avons pu faciliter les échanges et permettre à chacun de se concentrer sur sa spécialité.

Il est difficile d'imaginer un monde sans monnaie. Les échanges prendraient un temps considérable, il serait quasiment impos- sible de construire un patrimoine et de profiter de tout le confort dont nous bénéficions aujourd'hui.

Car, ne l'oublions pas, l'argent est un outil :

– d'échange,

– de réserve de valeur,

– de mesure de valeur.

Nos croyances sur l'argent nous ont été inculquées dès notre plus tendre enfance.

Ces graines ont été plantées par nos parents ou notre cadre scolaire, puis elles ont trouvé leur terreau dans l'environnement anxiogène créé par le flux constant d'information et de désinformation.

Car oui, l'argent, il ne faut pas en parler, il peut faire peur. Alors, le réflexe, c'est de le rejeter et dire que le problème ne vient pas de nous mais de lui.

Pour changer nos croyances sur l'argent, nous allons faire un exercice rapide. Prenez un papier et notez pendant 5 minutes tous les proverbes ou idées préconçues que vous avez sur l'argent. Peu importe que ce soit positif ou négatif, le but est de savoir ici ce qui vous vient à l'idée quand vous entendez le mot “argent”. C'est bon, c'est fait ?

Pour savoir où nous allons, nous avons toujours besoin de savoir d'où nous venons. Il est donc essentiel de faire cet exercice. Notez maintenant comment vous avez intégré ces croyances : est- ce que c'était à l'école, dans le cercle familial, via un ami, etc. ?

UN "TIENS" VAUT MIEUX QUE DEUX "TU L'AURAS"

Ma mère me répétait souvent cette phrase (si tu lis, maman, sache que je t'aime quand même). Le message ici est que le bon- heur instantané a plus de valeur que le bonheur à long terme. Vous verrez sans doute dans ce livre que beaucoup de concepts s'appliquent aux autres domaines de la vie, que ce soit dans la pratique sportive, l'alimentation, les relations, etc.

L'ARGENT A ÉTÉ VOLÉ AUX AUTRES

Quand une personne a pu générer ou obtenir une certaine somme d'argent, elle est souvent vue comme un démon.

Cette personne aurait volé l'argent des autres ?

C'est rarement le cas. Elle a sûrement reçu cet argent car elle a créé beaucoup de valeur pour un petit ou un grand nombre de personnes.

Dans le monde d'aujourd'hui, la famine ne cesse de diminuer, le nombre de personnes en situation d'extrême pauvreté a baissé d'environ de moitié ces vingt dernières années1. Je vous conseille le livre Factfulness de Hans Rosling, qui illustre très bien ces données.

1 https://www.gapminder.org/data/

Prenons justement un exemple plus concret qui va nous permettre de comprendre l'importance des échanges économiques. Admettons qu'une entreprise dans le bâtiment construise de plus en plus d'habitations. Ses services étant de qualité, elle reçoit de plus en plus de demandes.

Afin de pouvoir servir cette demande, elle commence à recruter de plus en plus. Plus elle recrute, plus elle augmente l'intelli- gence en y rassemblant de plus en plus de cerveaux de l'entre- prise et permet aussi d'augmenter la capacité de production, ce qui va lui permettre de faire des économies d'échelle.

Ses clients bénéficieront ainsi d'un service bien plus accessible. En même temps que le nombre de demandes de constructions augmente, les demandes en matières premières augmentent aus- si, donc le producteur de matières premières va sans doute aussi pouvoir baisser ses prix.

En fin de chaîne, on se rend compte que nous avons tous la possibilité d'accéder plus facilement à la propriété.

Un exemple qui serait peut-être plus parlant pour vous est le smartphone. Aujourd'hui, tout le monde ou presque peut en avoir un dans sa poche, alors qu'il y a moins de 30 ans, il était très coûteux est compliqué d'avoir un téléphone portable.

Un autre exemple serait que si une entreprise construit de plus en plus de maisons, elle améliore ses techniques et son savoir-faire,

afin de pouvoir construire en moins de temps et pour moins cher. N'oublions pas que nos ancêtres vivaient dans des grottes et que nous avons aujourd'hui accès à plus de soins, plus de moyens de transports, etc.
L'argent a également permis de pouvoir stocker de la valeur afin d'innover, d'investir dans des projets audacieux et il nous per- met aujourd'hui d'avoir de meilleures conditions de vie que nos ancêtres.

L'ARGENT NE FAIT PAS LE BONHEUR

Je ne peux être que d'accord avec cette phrase.
Le bonheur est intérieur. L'argent permet d'acheter du plaisir. Créer de la valeur pour les autres procure du bonheur. Résoudre des problèmes complexes procure du bonheur. Passer du temps avec des personnes qui nous sont chères procure du bonheur. Passer du temps seul, apprendre, réfléchir, crée aussi du bonheur. La liste pourrait continuer à l'infini.
L'argent peut faciliter chacun des cas cités ci-dessus. Pouvoir payer une équipe nous permettrait par exemple de résoudre le même problème, trouver une meilleure solution, pour plus de personnes. Ça nous permettrait aussi de pouvoir passer plus de temps sur ce qui compte vraiment pour nous.

L'ARGENT NE POUSSE PAS DANS LES ARBRES

Lors d'un séjour à Chiang Mai au nord de la Thaïlande, j'ai eu la chance de rencontrer Tristan Lecompte à l'occasion d'une rencontre entre passionnés de crypto-monnaies et de blockchain. Peut-être que son nom ne vous dit rien, il a été le premier en France à créer une épicerie collaborative et il a fondé la marque Alter Eco (qui produit d'ailleurs un délicieux chocolat noir). Durant la soirée, Tristan a fait tomber un de mes préjugés sur l'argent : « L'argent ne pousse pas dans les arbres »

Pourtant, un arbre peut produire des fruits. Il m'a annoncé que le retour sur investissement pouvait être d'entre 5 et 7 % par an sur les arbres fruitiers.

De plus, des arbres sont vendus pour leur bois. On peut donc bien affirmer que l'argent pousse dans les arbres.

J'en viens à me demander si les plus gros mensonges que nous transmettons à nos enfants ne concernent pas le père Noël mais plutôt ceux sur l'argent.

VIREMENT DE BORD

Comment changer ses croyances sur l'argent ?

Commençons par les travaux d'une de mes études préférées. Le test du marshmallow.

Lors d'une étude, 32 enfants ont été conviés pour un test diabolique. Le test est assez simple. L'enfant est enfermé, seul, dans une pièce pendant 15 minutes. Dans la pièce, une table, et sur cette table, un marshmallow.

L'enfant est informé que s'il attend la fin de ces 15 minutes sans manger le marshmallow, on lui en donnera un deuxième.

Ce qui est intéressant, c'est que les chercheurs ont regardé 20 ans après où en étaient ces enfants.

Ceux qui ont attendu lors de l'étude ont eu de meilleurs résultats à l'université, avaient un meilleur salaire et une meilleure condition physique.

Savoir différer le plaisir instantané pour une plus grosse récompense dans le futur serait alors la solution.

Plusieurs études ont voulu reproduire ces tests en évaluant également le milieu économique duquel étaient issus les enfants.

Il apparaîtrait que les milieux défavorisés, étant plus sujets aux incertitudes dans la vie, privilégient les bonheurs à court terme. Sortir de ce cercle vicieux demande un certain niveau de motivation, de curiosité et de détermination, que je dois saluer.

Ce test du marshmallow, nous le subissons tous les jours.

Par exemple, aujourd'hui, vous auriez pu lancer Candy Crush ou ouvrir l'application de votre réseau social préféré, mais vous avez préféré ouvrir ce livre. Je vous en remercie et votre argent vous remercie aussi.

EN PARLER AUX AUTRES

La deuxième grande étape est de commencer à parler d'argent. Oui, il faut mettre ce sujet sur la table, sauf qu'on va changer ici la façon d'en parler.

Plutôt que de jalouser, juger ou de mettre n'importe quelle étiquette négative sur ce sujet, nous allons penser positivement. Voici quelques questions pour commencer :

– Combien gagnes-tu ?

– Où places-tu ton argent ?

– À combien s'élève ton patrimoine ?

Ou les questions plus soft :

– Dans quoi comptes-tu investir dans les 6 prochains mois ?

– Comment as-tu négocié ta dernière augmentation ?

– Comptes-tu négocier une augmentation ? Si oui, comment ?

– Quelles sont tes pistes actuelles pour gagner plus d'argent ?

– Quel a été selon toi l'élément le plus important qui t'a fait passer au palier supérieur ?

– Comment comptes-tu te donner une augmentation aujourd'hui ? (Pour les entrepreneurs et indépendants)

– À quel âge comptes-tu partir en retraite et quel est ton plan ?

– Quel pourcentage de ton salaire investis-tu ?

Vous remarquerez sans doute qu'il est bien plus simple d'amener le deuxième groupe de questions sur la table et c'est ce que nous devrions faire.

À la télévision, un présentateur souhaitant lancer un débat néga- tif commencera toujours par : « combien gagnez-vous ? ».

Ce n'est pas important et ce n'est pas qui va nous aider à avancer.

Ce qui est plus intéressant est de savoir comment la personne en est arrivée là, quel pourcentage de ce qu'elle gagne est investi et quel est son plan.

C'est comme ça que vous allez pouvoir en apprendre plus et aider les personnes de votre entourage à ouvrir leur esprit sur la question de l'argent.

CONCLUSION

Les trois grands points à retenir de ce chapitre sont :

– Mettre à plat vos connaissances et croyances sur l'argent, pourquoi vous les avez, qui vous les a inculquées et pourquoi.

– L'argent est une énergie. À l'époque, il était possible de mesurer l'énergie investie par un homme dans la terre grâce à sa récolte. Aujourd'hui, l'argent permet de donner une idée de la valeur créée pour les autres.

– Parler plus d'argent à son entourage. La question « quel est votre plan de retraite ? » devrait être reconnue d'utilité publique.

J'espère que vous vous sentez déjà mieux à l'idée de parler d'argent, car je ne vais pas m'arrêter en si bon chemin.

CHAPITRE 2
VOUS ÊTES DÉJÀ RICHE

Le titre de ce chapitre doit sans doute vous interpeller.

Être riche, c'est avant tout un état d'esprit.

Vous avez sans doute oublié combien vous avez gagné dans toute votre vie.

Je sais de quoi je parle, il est difficile pour notre cerveau de se rappeler des petits chiffres.

À votre avis, est-ce que quelqu'un avec un salaire net de 1850 euros pourrait devenir millionnaire ?

Si je vous pose la question, c'est que la réponse est oui. Il faudrait alors à cette personne 45 ans de travail et elle aurait amassé un million. 45 ans, c'est ce qui correspond à peu près aux nombres d'années passées dans la vie active.

Bien sûr, tout le monde n'a pas ce salaire, certains plus, certains moins. Le but est ici de démystifier le gros chiffre et de se rappeler que dans les pays développés, nous avons plus de chances d'être millionnaires que nous ne le pensons.

Cependant, notre argent part dans tous les sens. Il y a pléthore d'organismes publics et privés qui vont venir piocher dans notre compte bancaire.

Si nos flux d'argent étaient une rivière, on verrait alors des déperditions tout au long de chaque cours d'eau (taxes, frais bancaires, frais cachés, etc.).

J'aimerais que quand nous regardions notre compte bancaire, nous voyions un grand nombre de dépenses et très peu d'entrées d'argent. L'idéal serait de voir deux entrées d'argent pour je ne sais combien de dépenses. Lorsque je parle de dépenses, c'est bien sûr pour désigner une sortie d'argent, peu importe sa nature.

Et si notre compte bancaire était un lac, lui aussi se ferait piller constamment, particulièrement via l'inflation.

L'INFLATION

Rappelons rapidement ce qu'est l'inflation. Nous parlons sou- vent de l'arme atomique mais elle n'est rien face à l'inflation. L'inflation permet de détruire toutes les richesses d'un pays et de le mener à la panique en quelques mois.

L'inflation, c'est un système simple. Admettons que nous sommes dans une cour de récréation. Trois enfants s'échangent des billes en fonction des services rendus ou transferts de matériels. Il y a en tout 10 billes, c'est le total de monnaie en circulation.

Mais voilà, le principal de l'école aimerait bien en profiter sans avoir à travailler. Il a le plus grand pouvoir, celui de pouvoir mettre plus de billes en circulation.

Il ajoute donc 10 billes, nous sommes à 20 billes.

Toute la valeur qui a été créée avant par ces 3 enfants vient d'être pillée de 50 % sans qu'ils ne puissent rien y faire.

Si, hier, l'un d'eux a travaillé dur pour encaisser 2 billes auprès d'un de ses camarades, la valeur de son travail vient de diminuer de moitié. Tout le monde doit alors augmenter ses prix (de préférence les doubler), mais ce qui a été échangé avant a perdu de la valeur. Ça paraît anodin, mais c'est ce qui se passe aujourd'hui dans notre monde. Les banques centrales impriment constamment plus de monnaie. Il est généralement dit qu'il faut maintenir l'inflation inférieure à 2 %, ce qui permet d'inciter les citoyens à consommer plus sur l'instant et surtout de récompenser les investisseurs. L'inflation, c'est ce qui a détruit l'empire romain, l'Allemagne à une époque et plus récemment le Venezuela.

GAGNER PLUS N'EST PAS LA SOLUTION

Nombreuses sont les personnes qui pensent que si elles gagnaient plus, tous leurs problèmes seraient réglés.

Il ne faut cependant pas oublier que si nous ne savons pas gérer 2000 €, alors nous ne saurons pas gérer 10 000 €.

Si nous ne savons pas conduire une Clio, nous n'allons pas sa- voir conduire une Ferrari. Avoir une voiture qui va plus vite ne serait pas la solution à une mauvaise conduite.

Un lac qui fuit reste un lac qui fuit, plus on y ajoute de l'eau, plus les fuites s'agrandissent.

Car oui, ça peut en étonner certains, mais des personnes ayant de gros salaires ont aussi du mal à boucler les fins de mois. Pourquoi ?

Une gestion de l'argent non organisée.

Un style de vie au-dessus de ses moyens.

L'argent est une énergie, il faut le traiter comme tel, savoir doser son énergie et l'investir dans les bonnes choses.

Tout le monde s'étonne à chaque fois du prix des nouvelles tendances ou produits qui sortent. Pourtant, ça n'empêche pas ceux n'ayant pas les moyens de se les offrir, parce que l'humain trouve toujours le moyen d'obtenir ce qu'il veut vraiment.

Nos organismes financiers sont intelligents, ils ont mis en place des découverts autorisés ainsi que des prêts à la consommation. Il ne faut pas oublier que les marques de luxe font leur beurre auprès des personnes qui veulent ressembler aux "riches".

À croire que plus la richesse intérieure est absente, plus on essaie de compenser avec des richesses extérieures.

Ce qui compte, ce n'est pas le salaire, c'est ce que vous en faites.

Chapitre 2

C'EST L'HEURE DU BILAN

C'est justement le moment pour vous de compter combien vous avez gagné au cours de votre vie.

Je sais, ça donne envie de tourner la page pour éviter cet exercice.

Peut-être que vous ne pensez pas en avoir besoin.

Vous êtes le seul juge de votre argent.

Il y a deux grandes méthodes :

– Calculer tous les mois de salaire avec son salaire moyen dans ses différents jobs, calculer les autres entrées d'argent (bonus, donations, héritage...).

– Regarder en ligne ou demander à son banquier toutes les entrées d'argent.

Bien sûr, si les montants en cash représentent plus de 5 % de vos entrées d'argent totales, comptez-les.

À vous de voir à quel niveau de détails vous souhaitez effectuer votre calcul. Le but est d'avoir une idée globale.

Ça permettra sans doute de se rendre compte qu'on a gagné plus qu'on ne le pense et qu'il est possible de changer.

LE GRAND INVENTAIRE

Je me souviens encore avoir accumulé quelques objets après avoir passé 2 ans et demi à Paris pour une alternance et un stage.

Après ça, ayant prévu de partir à l'étranger, je suis passé par une phase de transition où j'étais sans domicile.

Deux solutions s'offraient à moi : soit je stockais tous ces objets, soit je m'en séparais.

Comme je n'avais pas de camion pour aller à la décharge et je n'avais pas vraiment le temps, je suis passé par la solution de la vente.

C'est là que je me suis rendu compte qu'en seulement 2 ans, j'avais entassé beaucoup de choses.

J'avais un vice : j'achetais des produits en promotion.

J'allais sur ces sites qui dénichent les meilleures promotions du moment sur le web, et cela presque tous les jours.

C'était addictif, j'avais l'impression d'être plus intelligent que mes compères, car MOI je savais où acheter moins cher.

Le problème dans tout ça c'est que j'achetais des choses dont je n'avais pas besoin. Ce n'était pas ce que je me disais, évidem- ment. Je me disais “ah je vais pouvoir m'en servir pour ça, j'en ai vraiment besoin parce que l'autre jour je voulais faire ça”.

En faisant mon inventaire, je me suis rendu compte que dans mon petit studio, il y avait des objets partout.

Alors, ni une ni deux, j'ai tout pris en photo.

Étant de nature plutôt fainéante, j'écrivais une petite descrip- tion de vendeur associée aux photos et je gardais tout ça sur un document.

Ça me permettait de poster à la volée sur toutes les plate-formes et de poster à nouveau dès qu'il n'y avait plus d'intérêt.

Mine de rien, à mon grand étonnement, j'ai tout vendu ou presque. Il ne me restait vraiment que quelques petits objets que j'ai pu donner à mon entourage.

J'ai vendu toutes sortes de choses, comme une machine à café, de la vaisselle, etc.

À croire que je n'étais pas le seul à vouloir acheter moins cher. J'étais étonné de voir certaines personnes traverser tout Paris pour acheter quelque chose à 20 €. Cela dit, je l'aurais sans doute fait moi aussi à cette époque.

Ce qui a le plus étonné mon ami Thibaut est d'avoir réussi à vendre un tableau sur lequel se trouvait une tête de lion. Je l'avais acheté à l'occasion d'une promotion sur un site où on pouvait imprimer soi-même notre tableau.

Oui, les promotions m'ont fait acheter des choses d'un goût et d'une utilité discutables…

C'EST À VOUS

Nous voici dans la partie du livre qui va peut-être freiner cer- tains. Je préfère être honnête. Comme le titre du chapitre le dit, vous allez devoir faire un inventaire de vos possessions.
Pourquoi faire ça ?
L'humain a tendance à accumuler beaucoup d'objets lors de son aventure de vie. Beaucoup de ces objets ont peu, voire pas d'utilité.
Le but n'est pas ici de se défaire de toutes ses possessions, mais plutôt d'apporter un peu de minimalisme matériel dans notre minimalisme financier.
Le but est triple : savoir où l'on a dépensé notre argent, avoir une idée claire de nos possessions totales, pouvoir en revendre une partie et encaisser un peu.
Je n'ai personnellement pas fait cet exercice, étant donné qu'au moment où j'écris ces lignes, la totalité de mes possessions sont réunies dans deux petits sacs.
Cela dit, cet exercice en aidera plus d'un.
Si vous réfléchissez à sauter cette partie, pensez à une pièce de chez vous et à tous les objets qu'il y a dedans. Fermez les yeux 10 secondes et essayez de lister le plus d'objets possibles.

Vous serez sans doute étonné(e), comme je le suis de même, de vous souvenir où étaient les objets dans votre ancienne maison. Car oui, les possessions matérielles peuvent aussi polluer notre cer veau. Vous allez voir, la mission reste simple. Chaque semaine, il faut aller dans une pièce de votre maison et lister toutes vos posses- sions ayant une valeur supérieure à 30 v.

Pour faire simple, chaque ligne comprend le nom de l'objet, son prix d'achat (environ), combien de fois par an vous vous en ser- vez et enfin le prix de vente indicatif.

Là, encore une fois, le but n'est pas d'être aussi précis qu'un chirurgien, mais d'avoir une idée générale.

Voici un tableau que vous pouvez reproduire :

Pièce:			Date:		Page
Objets	NB. Utilisa-tions	Remarque	Valeur estimée	Prix	:
					Satut

Sinon, vous pouvez le télécharger ici :

https://rlbt.me/bonus

Maintenant que vous avez la liste, vous pouvez aisément cibler les objets à revendre. Tout se vend sur internet.

Vous connaissez peut-être eBay, qui est l'ancienne plus grande plate-forme de petites annonces en ligne par enchères. Je ne vais pas vous demander d'essayer de deviner le premier objet qui a été vendu dessus, puisque si vous ne connaissez pas l'histoire, c'est impossible que vous deviniez.

Le premier objet vendu sur eBay était un briquet cassé. La personne qui l'a acheté collectionnait les briquets cassés.

Donc oui, encore une fois, tout se vend sur internet. Pour vous donner un exemple personnel, lorsque j'étais plus petit, j'y ai déjà vendu des pneus et un ordinateur avec un écran cassé.

Donc oui, c'est possible de tout y vendre.

Pourquoi je dis ça ? Parce que je ne veux voir personne se cacher derrière la fameuse raison disant que "personne n'achètera ça". Vous n'êtes pas l'acheteur, vous êtes le vendeur. Alors arrêtons de décider à la place de l'acheteur si oui ou non il en a besoin, c'est sa décision, pas la nôtre.

Nous avons la chance de vivre à une époque où il est simple de se connecter à ceux qui ont un besoin.

Pour ça, il est possible de se rendre sur les divers sites et applications.

Afin de garder ce livre un maximum à jour, j'ai mis la liste dans les bonus.

En voici quelques exemples :

Leboncoin

Le plus grand site de petites annonces de France. Sur Leboncoin, il y a de tout (acheteurs comme produits), ce qui constitue un avantage et un inconvénient. Vous pouvez y trouver de très bonnes affaires ainsi que son lot d'arnaques. La règle numéro 1 est de faire attention.

Facebook Marketplace

Encore peu utilisé, mais redoutable. Sur Facebook, on peut directement poster une annonce dans plusieurs groupes :

Rejoindre les groupes de sa ville en tapant le nom de sa ville dans la recherche et sélectionner « Groupe ».

Vinted

C'est un site et une application mobile qui ciblent le monde de la mode. Un marché en ligne communautaire qui permet à ses utilisateurs de vendre, d'acheter et d'échanger des vêtements et des accessoires d'occasion.

ParuVendu

Second site de petites annonces en France. Je trouve cependant son utilisation peu agréable.

eBay

L'un des premiers sites de seconde main à s'être fait une place. eBay propose plusieurs options, prix fixes et enchères. Les enchères sont idéales lorsque l'on ne sait pas trop à combien vendre son produit. Le paiement par PayPal est facile.

Gens de confiance

Site communautaire restreint. Il faut avoir été validé par d'autres membres de la communauté.
Comme son nom l'indique, la confiance règne sur ce site.

VENDRE PLUS CHER ET PLUS RAPIDEMENT

Vendre s'apprend, il faut savoir se mettre dans la peau de celui qui est en situation de demande, savoir quelles sont ses interrogations, freins et objections.
C'est ce qui va nous aider à mieux vendre. En faisant un minimum d'efforts, notre annonce va se démarquer d'un tas d'annonces bâclées.

Et même si nous sommes plus chers, nous aurons plus de chances de vendre, car nous rendons les choses simples pour le demandeur. Pour vendre plus simplement et plus cher, il y a 3 grandes choses à respecter :

- choisir un titre descriptif et accrocheur
- prendre des photos de qualité
- écrire une description qui donne envie d'acheter

L'annonce va se construire en plusieurs blocs :

- Le titre
- Les photos
- Comment nous l'avons utilisé + à quoi le produit peut servir –
- Le descriptif technique
- Les garanties, l'état du produit, les facilités de contact, achat et envoi
- Une signature

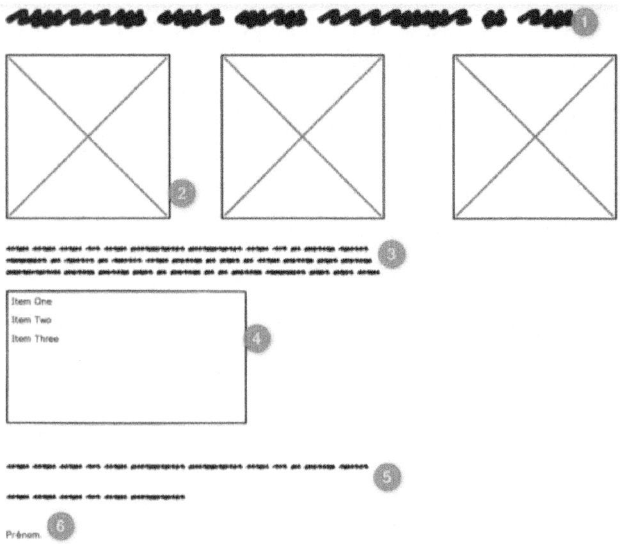

Voici la fiche récapitulative que j'utilise pour faire une bonne annonce.

Titre : NOM DU PRODUIT + ARGUMENT DIFFÉRENCIATEUR

Argument différenciateur : avec boîte, sous garantie, état neuf, jamais porté, envoi rapide, dispo aujourd'hui, etc.

Se poser les questions du client :

Pourquoi le vendre, utilisé combien de fois, bon usage avec, authenticité, etc.

Photos :

Bonne luminosité, source de lumière naturelle, comme une fenêtre. Donner l'impression de volume.

Montrer des détails.

Montrer le produit en fonctionnement.

Pour les vêtements, prendre le modèle en ligne : sur vous, il renforce l'idée d'avoir été porté.

PAS DE PHOTOS D'INTERNET sauf pour visualisation design (meubles, vêtements, etc.) !

Exemple pour un téléphone : montrer qu'il n'y a pas de rayures sur l'écran, photo du dos de l'appareil et photos avec le tout (notice, câble, etc.).

A. TEXTE

Faire des phrases courtes et simples. 3 lignes max par paragraphe.

Intro

Bonjour

Définir les bénéfices du produit. Comment vous l'avez utilisé.

Quels sont les points forts, pourquoi celui-là et pas un autre.

Parler de l'expérience personnelle.

Donner la raison de la vente.

Exemple :

Je viens d'avoir un ordi avec le boulot et vends donc mon ordinateur perso.

La batterie tient plusieurs heures.

J'ai pu regarder des films sans problème pendant de longs trajets de train ou encore prendre des notes pendant plusieurs heures en amphi sans avoir à me brancher.
En plus, le chargeur est de petite taille et facile à transporter. Peut faire ceci ou cela sans ralentissement.

B. CARACTÉRISQUES

Copier la fiche technique d'Amazon ou du site constructeur.

C. OUTRO

Appelez au contact : si vous avez la moindre question, n'hésitez pas à me contacter par téléphone ou par e-mail.
Envoi possible (frais de ports offerts).
Signer avec son prénom.

NE PAS FAIRE :
Prix négociable.
Fautes d'orthographe → vous pouvez vous faire corriger ou utiliser le site Bonpatron.com.
Au téléphone :
Être poli.
Dire s'il y a d'autres personnes intéressées — il y en a toujours : vues sur l'annonce, propositions d'achat, etc.

Annoncer qu'on peut le garder si la personne s'engage : tenir sa parole.

Voici un exemple d'annonce que j'ai rédigée :

Titre : Micro Rode NT-USB Qualité Studio (état neuf)

Bonjour,

Je vends mon microphone Rode NT-USB. Il est quasiment neuf et a servi peu de fois.
Il m'a servi à enregistrer quelques interviews dont j'avais besoin, la tâche étant terminée, je m'en sépare.

Son côté simple d'utilisation et la qualité de son hors-norme sont ce qui m'avait conquis. Il suffit de le brancher à son ordinateur, tablette, iPhone ou autre et c'est parti : on peut enregistrer.

La qualité du son est irréprochable, ce qui est parfait pour enregistrer de la voix, du podcast, de la chanson, du streaming, ou encore chatter en ligne.

Voici les caractéristiques:

- Microphone USB type : micro à Condensateur large membrane
- Compatible Mac & PC. SPL maximum: 110dB SPL
- Compatible avec iPad ou iPhone
- Son de haute qualité
- Capsule: 1.27 cm
- Réponse en fréquence : 20 Hz - 20 kHz
- Idéal pour l'enregistrement des voix et des instruments. USB : entrée/sortie stéréo
- Alimenté par le port USB. Couleur : noir mat
- Longueur : 184 mm. Poids : 520gr. Modèle: NT-USB

Vendu avec câble USB, filtre anti-pop, support et pochette.
Il est également possible de le fixer sur une perche.

Le micro est encore garanti par le constructeur pendant plus d'un an.

Disponible pour remise en main propre ou envoi en Colissimo.

Si vous avez la moindre question, n'hésitez pas à m'appeler ou à m'envoyer un message.

Bien à vous,

Antoine.

Maintenant que vous savez comment vendre plus cher et plus rapidement, allez-y, passez à l'action !

Ça vous permettra de vite renflouer les caisses et peut-être même simplifier votre quotidien.

CONCLUSIONS

Qu'il est agréable de savoir où on en est. C'est essentiel de connaître le point A avant d'aller au point B.

Les choses à faire et à retenir de ce chapitre :

– Vous êtes déjà riche.

– Ce qui compte, ce n'est pas de gagner plus, mais de mieux gérer son argent.

– Toujours connaître le point A pour pouvoir aller au point B.

– Vendre, c'est le début du bonheur.

CHAPITRE 3
CONNAIS-TOI, TOI

Il faut se connaître soi-même avant de pouvoir commencer à investir et notamment vérifier là où on dépense notre argent. Savoir qui on est, c'est savoir où on va.

Est-ce que le chiffre en bas de la fiche de paie est l'unique élément déterminant de notre condition financière ?

À 18 et 22 ans, mon grand frère et moi, nous avions les mêmes ressources. Nous faisions à peu près les mêmes études et vivions dans la même ville. Nos dépenses étaient donc assez similaires. Pourtant, en fin de mois, mon grand frère était dans le rouge, alors que j'avais pu faire des économies.

Je me suis toujours demandé pourquoi ? Comment est-ce possible, mathématiquement ? Nous sommes censés tomber sur le même chiffre.

Alors, est-ce que je vivais comme un moine en autarcie ? Pas à ma connaissance. Je ne me souviens pas m'être privé de sorties ou autres.

En revanche, est-ce que je modérais mes sorties pour qu'elles restent agréables sans dépasser les limites ? Je pense que oui.

Ce qui est sûr, c'est qu'il devait y avoir quelques fuites dans sa gestion financière, là où j'avais mis en place des procédés me facilitant la tâche. C'est en partageant ces techniques dans mes vidéos YouTube et e-mails que certaines personnes m'ont dit que ça les aidait.

Et c'est ce que vous allez voir dans ce livre.

"Quantité" est un terme qui revient souvent, que ce soit au sujet du nombre de dépenses ou combien on dépense pour chaque poste.

J'ai personnellement beaucoup de mal à comprendre le concept du découvert bancaire, pourquoi vivre à crédit...

Pourtant, près d'un Français sur deux est à découvert une fois par an et un sur quatre une fois par trimestre2.

Et c'est normal, car le découvert bancaire représente un chiffre d'affaires d'environ 6,5 milliards d'euros pour les banques françaises avec un taux de marge d'environ 75 %.

Autant se mettre d'accord, ce n'est pas les banques tradition- nelles qui vont nous aider à éviter ces découverts bancaires.

De plus, il ne faut pas attendre de l'État de vous enseigner ce genre de choses à l'école ou via des programmes télévisés.

---

2 https://www.publicsenat.fr/article/societe/sondage-42-des-francais-ont-deja-ete-a-decouvert-142493

D'une part, parler d'argent a été diabolisé et d'autre part, ils perdraient une bonne partie de leur contrôle si vous deveniez autonome dans votre gestion de l'argent et des retraites. Il est bien plus confortable pour eux de faire comme s'ils étaient la solution.

Est-ce que vous savez, à un moment donné, vous arrêter de dépenser ?

C'est justement ce que vous allez voir dans ce chapitre. À la fin, vous aurez une idée de combien vous dépensez par mois, où vous dépensez le plus et comment diminuer ces dépenses.

LES DÉPENSES MENSUELLES

Peut-être que vous avez déjà une idée préconçue ou pensez connaître vos dépenses mensuelles. Je vais cependant tout de même vous inviter à refaire l'exercice.

C'est un exercice que je fais presque tous les trimestres, étant donné son efficacité.

J'avais des amis qui se demandaient combien ils dépensaient par mois. Ils ne savaient pas si c'était 2 500 ou 4 500 $ par mois. Ils étaient complètement perdus.

Heureusement, je dépensais à peu près le même montant qu'eux, j'ai donc pu les aider.

Ça paraît anodin, mais savoir combien vous dépensez vous permettra de savoir combien vous pouvez investir et surtout dans quels domaines vous pouvez encore plus vous faire plaisir.

C'est très simple : prenez les trois derniers mois de dépenses sur votre compte bancaire. Pour ce faire, vous avez l'embarras du choix : vous pouvez imprimer vos trois derniers relevés bancaires, faire un export pour tableur, regarder via le site ou encore l'application de votre banque.

Calculez maintenant le total dépensé sur ces trois derniers mois, puis divisez par trois.

Vous avez maintenant une idée de combien vous dépensez en moyenne par mois.

Il est maintenant l'heure d'aller un peu plus dans les détails. Faites un pointage grossier de toutes les dépenses, c'est-à-dire : classez chaque dépense par catégorie. Chacune aura une catégorie bien particulière, mais essayez d'en garder 5 ou 6.

Vos catégories pourraient être, par exemple : travail, loisirs, sor- ties, abonnements, vie courante, investissements.

Une méthode simple pourrait être d'imprimer vos 3 derniers relevés bancaires et d'entourer chaque dépense d'une couleur différente. Après avoir grossièrement classé ces dépenses, vous allez pouvoir calculer le pourcentage de chaque catégorie par rapport à vos dépenses.

Pour ce faire, il faut déjà totaliser les dépenses de chaque catégorie. Divisez ensuite chaque total de catégorie par le total des trois mois, cela vous donnera le pourcentage.

Par exemple :

(total dépenses travail sur 3 mois)/(total dépenses sur 3 mois) = 0,XX Faire x 100 afin d'obtenir le pourcentage.

Septembre 2020

RELEVÉ MENSUEL

02/09 Loyer 750 € 04/09 Transport 2,90 € 09/09 Course 120 € 11/09 Bar 26 € 14/09 Bar 12 € 14/09 Restaurant 35 € 17/09 Cinéma 10 € 21/09 Vêtements 40 €

Octobre 2020

RELEVÉ MENSUEL

06/10 Course 90 € 08/10 Train 60 € 09/10 Parfumerie 80 € 14/10 Librairie 12 € 18/10 Restaurant 25 € 23/10 Restaurant 32 € 23/10 Achats en ligne 20 € 27/10 Course 15 €

Novembre 2020

RELEVÉ MENSUEL

03/11 Loyer 90 € 07/11 Internet 60 € 07/11 Cinéma 80 € 10/11 Café 12 € 10/11 Course 25 € 17/11 Boulangerie 32 € 20/11 Bar 20 € 21/11 Transport 15 €

ACTIVER LES ÉCONOMIES

Maintenant que vous avez une bonne idée d'où vous dépensez le plus et peut-être même des surprises, vous allez dézinguer. Dézinguer, ça veut dire que vous allez supprimer certaines dépenses.

Lors de mon alternance à Paris, certains de mes amis gagnaient la même chose que moi, voire plus. Nous allions aux mêmes

soirées et faisions 80 % du temps les mêmes activités. Cependant, ils se retrouvaient dans le rouge à la fin du mois. Certaines choses me sautaient au yeux, comme par exemple se commander un plateau sushi de basse qualité en livraison pour 20 €.
Chacun a le droit de se faire plaisir et, selon moi, doit se faire plaisir, il faut cependant savoir le faire en accord avec nos ressources.
Qu'est-ce que ça veut dire pour vous ?
Essayez de voir dans quelles catégories vous dépensez le plus, qu'est-ce qui vous interpelle ?
Posez-vous des questions : "Pourquoi je dépense autant ici ?" "Si demain je n'ai d'autre choix que d'économiser 30 %, quelles dépenses vais-je supprimer ?""Quelles sont les dépenses qui me font le plus plaisir sur le long terme ?" `"Comment diminuer mes achats impulsifs ?"
D'ailleurs, lister ses abonnements est une très bonne pratique. Ça paraît idiot, mais tous ces petits abonnements à gauche et à droite pour des applications, des pseudo assurances et j'en passe, peuvent vite chiffrer, surtout quand on les multiplie par 12 afin d'avoir le total général.
Une fois cette liste d'abonnements faite, regardez ceux que vous voulez supprimer, puis regardez ceux qui vous coûtent le plus cher et appelez chaque service afin de renégocier les contrats, vous serez surpris.

Chapitre 3

NÉGOCIER SES CONTRATS

La première chose à se dire c'est que tout peut se négocier dans la vie. Nous nous retrouvons d'ailleurs dans plus de situations de négociation qu'on ne le pense : pour une augmentation, pour des enfants qui ne veulent pas aller à l'école, dans notre couple pour savoir dans quel restaurant on va…

Bref, tout se négocie !

Cela dit, nous allons nous concentrer sur la négociation des contrats qui ont de l'importance, c'est-à-dire ceux qui représentent un certain coût : les contrats qui nous coûtent plus de 30 € par mois.

Les contrats de type Netflix et autres à seulement 10 € ou 20 € par mois seront impossibles à négocier et le temps que nous al- lons prendre pour essayer de le faire ne sera pas rentable.

En revanche, quand il s'agit de négocier des contrats d'assu- rance, des forfaits Internet, des contrats d'électricité ou encore des offres de divertissement telles que Canal+, là nous pouvons obtenir de beaux gains.

Je le sais parce que j'ai moi-même utilisé cette technique lorsque je vivais encore chez mes parents. Un de mes meilleurs coups était d'avoir obtenu presque -50 % sur l'abonnement à Canal+.

C'est d'ailleurs parce que ça fonctionne que je l'ai partagée dans le challenge "Finance domination". Il faut alors le courage d'appeler afin d'encaisser des gains.

Une personne a par exemple économisé plus de 500 € sur 1 an, en l'espace de 15 minutes d'appel.

Alors, comment négocier ?

La première phase de la négociation consiste à savoir où en est notre offre par rapport au marché général. Pour ce faire, je vous invite à aller sur n'importe quel comparateur d'offres en ligne et de regarder les diverses promotions qui sont en cours sur ce marché. Ensuite, vous devez vous fixer un objectif, mettez-vous au clair avec ce que vous voulez obtenir de cette phase de négociation. La deuxième étape sera de prendre contact. Vous pouvez alors chercher le numéro de la dernière facture ou bien faire une simple recherche sur Internet.

La petite astuce et d'appeler le service nouvel acheteur, le délai d'attente sera en général plus court.

La troisième étape va consister à exposer vos arguments, c'est- à-dire que vous allez clairement montrer que vous n'êtes pas allé voir ailleurs, mais que vous êtes peut-être déjà en train de le faire. Vous pouvez dire : « on m'a parlé d'un nouveau service » ou « j'ai reçu une offre Internet ».

Puis, dans le même temps, vous allez affirmer votre fidélité : « Ça fait X années que je suis chez vous… », « je suis plutôt content de vos services ».

Il faut se rappeler que le but d'une négociation est d'écouter l'autre. Dans notre cas, l'entreprise a tout intérêt à essayer de nous garder comme client, car c'est plus cher de trouver un nouveau client que d'en garder un.

Pour la 4e étape, vous allez laisser votre interlocuteur travail- ler. Vous allez lui poser des questions ouvertes, de type : « Qu'est-ce que vous pouvez faire pour moi ? »

N'hésitez pas à laisser des blancs dans la conversation. Le silence fait peur, mais il fera avancer votre interlocuteur.

Lors de la 5e étape, vous pouvez, si ce n'est pas encore assez, essayer d'aller plus loin en demandant par exemple "quelle serait la meilleure offre pour moi ?".

La 6e étape sera marquée par la prise de décision : soit vous restez, soit vous changez.

Je sais bien qu'il n'est pas facile de négocier quand nous n'en avons pas l'habitude, mais dites-vous que le pire qui puisse arriver est simplement un "non" au téléphone et vous au- rez toujours votre contrat. Alors, qu'est-ce qui vous empêche d'essayer ?

CONCLUSION

Pour finir, voici ce que vous avez à faire à tout moment afin de sortir du brouillard et savoir combien vous dépensez et dans quoi :

– Faire la moyenne des dépenses des 3 derniers mois

– Catégoriser ses dépenses

– Analyser où on peut diminuer ses dépenses

– Dépenser plus dans ce qui nous rend heureux et nous fait grandir.

CHAPITRE 4
LA SALLE DE BAIN

La salle de bain est sans doute l'endroit qui m'a le plus appris sur les finances personnelles et la gestion de l'argent, plus particuliè- rement les environnements du lavabo.

Sur la petite tablette, j'ai ce tube de dentifrice. Non, je n'ai pas forcé sur la bouteille.

Je me suis rendu compte d'une chose simple : lorsque j'ai un nouveau tube de dentifrice, j'en utilise énormément au début, comme si j'étais propriétaire d'une usine de dentifrice.

En revanche, après quelques semaines et que le tube a bien diminué, je commence à agir comme si j'avais une restriction budgétaire.

Comme si le prix du dentifrice avait été multiplié par 10 et que je devais en limiter mon usage.

Je me suis même un jour surpris, après avoir pressé tous les re- coins de mon tube de dentifrice pour faire ressortir les derniers millilitres de cette pâte précieuse, à avoir coupé l'extrémité afin d'essayer d'atteindre les dernières gouttes de dentifrice présentes dans notre civilisation.

Après quelques recherches, je me suis rendu compte que je n'étais pas le seul, plusieurs blagues circulent d'ailleurs à ce sujet sur Internet.

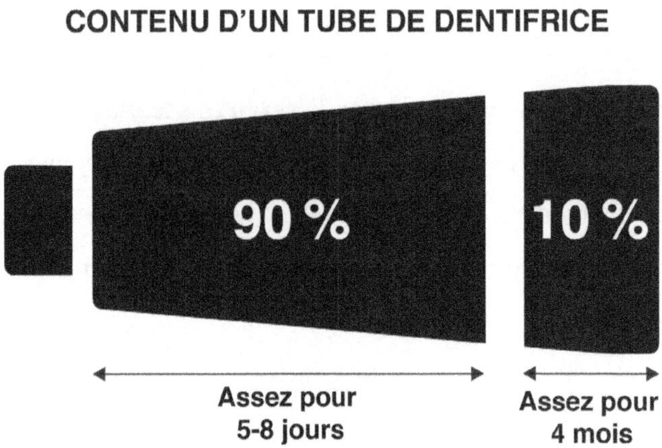

C'est la même chose pour le pot de confiture, le gel, la lessive... D'ailleurs, petit aparté, sachez que la plupart des brosses à dents ont à l'avant une couleur différente. Celle-ci est présente pour nous aider à calibrer la quantité de dentifrice dont nous avons besoin, c'est-à-dire une noisette.

Alors pourquoi je vous parle de ça ? Eh bien parce que se brosser les dents, c'est important.

Trêve de plaisanteries.

Tous les jours, nous nous sommes brossé les dents avec assez de dentifrice. Notre expérience a été à 90 % la même tous les jours. C'est juste qu'au début nous avons gaspillé du dentifrice, pour vivre, je le répète, la même expérience.

LE LIEN AVEC NOS FINANCES

Nous agissons exactement de la même façon avec l'argent.
Nous dépensons plus lorsque nous venons de recevoir une somme d'argent, puis diminuons nos dépenses lorsque nous ar- rivons vers la fin de cette somme.
Pourquoi ?
Nous n'avons en général qu'un seul compte bancaire, voire deux.
Celui-ci reçoit notre salaire et c'est sur le même compte bancaire que nous allons mélanger le fonds de sécurité, les inves- tissements ainsi que les dépenses de vie courante, ce qui soulève plusieurs problèmes et notamment celui de la consommation. En effet, nous allons nous retrouver à dépenser plus en début de mois et nous restreindre en fin de mois. D'où sortent ces chiffres ? Ayant travaillé dès mon plus jeune âge dans le magasin de mes parents, j'ai constaté qu'à chaque fin de mois, c'est la même chose : il y a moins de clients.
Nous allons donc maximiser nos dépenses, quitte à dépenser plus que ce dont nous avons besoin puis nous restreindre dras-

tiquement. Cela peut engendrer un stress et même une certaine dépression dans certains cas.

Puis, au début du mois suivant, nous allons vouloir compenser cette restriction en dépensant plus.

C'est la définition parfaite d'un cercle vicieux, qui pourrait s'aggraver si nous sommes à découvert à chaque fin de mois.

LA SOLUTION

La solution ne sera pas de faire un budget.

Le budget peut avoir son utilité pour certaines personnes mais il prend du temps, il faut compter centime par centime tout ce que nous dépensons. En plus de ça, nous devons clas- ser chaque dépense.

Pour moi, compter une dépense de 2 € à la boulangerie n'est pas intéressant.

L'autre solution que je vois souvent est d'utiliser les applications d'analyse des dépenses. Personnellement, j'ai du mal à évaluer leur utilité, même si elles peuvent nous aider à mieux savoir où nous dépensons. Elles n'interviennent qu'une fois les dépenses faites.

Je pense qu'il est plus simple d'agir en amont, de contrôler à la source. Nous verrons dans la partie 2 les détails de ce sys- tème en place.

La première chose à faire va être de s'assurer que nous n'avons pas de trous dans notre tube de dentifrice. Eh oui, si à chaque fois que nous dépensons, nous perdons des quantités plus ou moins grandes sans nous en rendre compte, ça ne sert à rien d'essayer d'avoir plus de dentifrice.
(Afin d'être sûr que nous soyons sur la même page, quand je parle de dentifrice ici, je parle d'argent).
Les frais bancaires seront les frais les plus faciles et évidents à éviter. Il faut tout d'abord se demander pourquoi une banque nous facture des frais. Une banque est une entreprise comme une autre, elle a besoin de revenus pour vivre. C'est ainsi qu'elle finance ses agences, sa publicité et ses employés, en particulier ses vendeurs.
Car oui, le conseiller bancaire n'est plus un conseiller, mais c'est bien un vendeur d'assurances, d'alarmes, de forfaits mobiles… il pourrait même se mettre à vendre du liquide vaisselle dans 5 ans, ça ne me surprendrait pas.
Il existe un certain conflit d'intérêt avec les banques. Leur intérêt, c'est de prendre un maximum de pourcentage de votre argent et d'avoir le plus de contrôle possible dessus. Votre intérêt est de gagner un maximum d'argent avec l'argent que vous avez déjà, l'avoir en sécurité et garder un contrôle total dessus.

Il faut savoir qu'en moyenne, une personne paie plus de 500 € par an de frais bancaires, alors que la banque gagne déjà de l'argent avec ce que vous y déposez.

C'est pour ça qu'il faut mieux, en général, se tourner vers les banques dont les structures sont moindres, donc les frais plus faibles.

Il n'y a pas de secret, ces banques sont les banques en ligne, elles vont permettre de drastiquement diminuer vos frais bancaires. Étant donné que le paysage bancaire change tous les ans, je me suis dit que j'allais vous fournir un lien permettant d'aller regar- der directement quelle est la meilleure banque, cela afin d'éviter de vous donner un classement erroné dans ce livre.

Pour trouver la banque que je recommande en ce moment à mes proches, c'est par ici :

https://rlbt.me/banques

Et si nous dé-multiplions les tubes de dentifrice ? Au lieu de n'avoir qu'un seul tube, nous utiliserions plusieurs tubes.

Il faut se rappeler que tout l'argent non alloué aura tendance à disparaître sans que l'on puisse s'en rendre compte. C'est pour cette raison que je conseille de s'en occuper en amont (ce qu'on verra en détails dans la partie 2).

C'est aussi pour cette même raison qu'il vous faut un socle solide afin d'y construire votre base.

CONCLUSION

Pour simplifier nos finances, il faut déjà savoir comment on agit avec l'argent.

- Ne pas faire de budget.
- Éviter les fuites et donc les frais bancaires.
- Agir en amont sur son argent.
- Aplanir son flux de dépenses.

PARTIE 2
LA RÉPARTITION DES COMPTES

CHAPITRE 5
GÉRER SON ARGENT COMME UN LAC

Lorsque j'avais douze ans, je vivais dans la petite ville de Saint Brévin, en Loire-Atlantique. Je peux vous dire qu'il ne s'y passait pas grand chose.

Alors, quand venait le moment où la ville d'à côté organisait sa fête foraine, je mourrais d'envie d'y aller.

Le paradis du sucre et des arnaques en tous genres. Cela dit, à l'âge que j'avais, c'est quelque chose qu'on n'oublie pas et l'endroit où on peut passer de bons moments.

J'avais déjà commencé à cet âge à faire des petits boulots et à vendre les objets dont je ne me servais plus sur internet. D'ailleurs, je n'étais pas aussi malin que je ne le pensais, puisque j'avais vendu l'ancienne TV de mes parents, au lieu de ne rien faire, de sorte qu'on puisse l'utiliser pour la salle de jeux.

Cela dit, j'avais quand même réussi à négocier un peu d'argent de poche pour la fête foraine. Je ne sais pas encore quel algo- rithme de décision mes parents utilisaient, mais le montant avait l'air de varier en fonction de l'humeur de chacun et de mes notes scolaires (qui étaient rarement en ma faveur).

J'essayais bien sûr de négocier plus, mais j'avais remar- qué qu'à partir d'un certain montant, l'expérience chan- geait très peu. Je m'étais fait une remarque : que mes parents me donnent 15 € ou 20 € pour passer la journée à la fête fo- raine, je ne voyais que peu ou pas de différence sur la journée. En revanche, avec 10 €, je devais réfléchir minutieusement à quel manège j'allais faire et amener mon goûter avec moi et ou- blier la gaufre.

En effet, une partie très importante de l'argent est dépensée sans qu'on ne s'en rende compte. Quand nous sortons, nous dépensons plus que ce dont nous avons vraiment besoin. Le pic de bonheur va être atteint rapidement, le plus souvent lorsqu'on a eu le changement escompté.

Un autre exemple : boire 3 verres en terrasse ou en boire 4 ne changera sans doute rien à notre expérience ou presque, sauf que dans le premier cas nous aurons économisé 25 % que nous pourrions ensuite investir.

C'est dans ce chapitre que nous allons voir comment activer ces mécanismes.

Alors, pourquoi gérer son argent comme un lac ?

Je sais, l'expression est normalement "ce sont les petits ruisseaux qui font les grandes rivières".

De la même manière, ce sont les petites dépenses qui font les grandes dépenses.

Ici, quand nous parlons de lac, pensons à un grand lac artificiel avec un barrage hydraulique.

Nous allons diviser notre argent en 3 comptes :

– Dépenses

– Fonds de sécurité

– Investissement

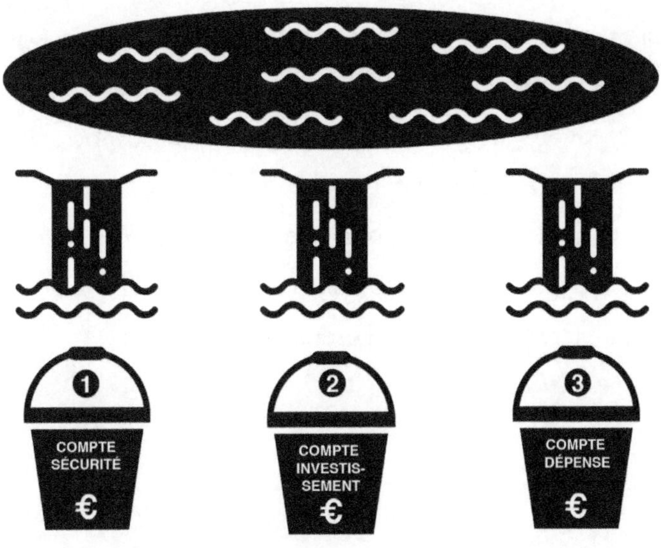

Quand je parlais de gestion en amont, c'est exactement ça.
Dans une journée, nous pensons à plein de choses, notre cerveau est constamment en train de réfléchir. Il réfléchit à tous les sujets qu'on met à sa disposition, en particulier à tous les sujets non clos. Si nous ne savons pas quoi faire de notre argent, comment le dépenser et ce que nous pouvons ou non acheter, nous allons y penser. Penser à l'argent est rarement un sujet agréable, c'est plutôt quelque chose d'assez stressant, car quand nous pensons à l'argent, c'est en général trop tard, nous avons déjà trop dépensé. De plus, nous savons que notre pouvoir de décision est limité, comme notre capacité à réfléchir sur un problème.
Einstein disait "je ne suis pas plus intelligent qu'un autre, je reste juste plus longtemps sur le problème".
Le minimalisme, c'est aussi ça : faire plus avec moins, mais sur- tout prendre une décision en amont et ne plus avoir à y penser. Il serait aussi intéressant de parler plus de minimalisme intellec- tuel, comment avoir moins à réfléchir sur des problèmes futiles et concentrer notre énergie sur le reste.
C'est justement pour cette raison que nous allons mettre en place 3 comptes bancaires. Nous établirons ces comptes ensemble, pe- tit à petit, dans cette partie et dans l'ordre.

Le fait de choisir une répartition en pourcentage et en amont va nous permettre de prendre la décision une fois, puis de la laisser faire son travail.

CHAPITRE 6
LE FONDS DE SÉCURITÉ

L'humain a tendance à être optimiste pour sa propre condition, mais pessimiste pour la condition générale.

J'ai reçu au moins des dizaines d'e-mails de personnes en difficulté financière. Les difficultés financières, ça n'a rien de très fun. Il y a 3 grands piliers du bonheur : santé, relations, richesse. Un problème dans le moindre de ces piliers peut nous dévorer. Réfléchissez bien et je suis sûr que le dernier problème qui vous a causé du tort a de fortes chances d'être dans une de ces catégories.

Le but du minimalisme financier est justement de diminuer l'ef- fort mental sur l'argent. Le rendre simple et facile.

Alors, pourquoi les problèmes financiers sont-ils si durs à résoudre ?

Les personnes en face de nous, ou plutôt les solutions qui sont en face de nous, vont en général nous causer plus de problèmes, comme passer par un crédit à la consommation, qui va en général aggraver le problème, notamment en différant son impact en devant plus tard rembourser beaucoup plus.

Ça peut être aussi de passer par notre banquier qui va, de la même manière, nous imposer des frais, que ce soit sur le découvert ou sur les produits qu'il nous proposera, ce qui est normal, étant donné qu'il offre un service.

Enfin, nous avons aussi la solution délicate de demander de l'aide à un ami, à la famille. Le problème c'est que l'argent a tendance à détruire ces liens ou du moins à les modifier, donc si nous pouvons éviter ce risque, autant le faire…

Je me souviens d'une conversation en visio que j'avais eue avec Paul, un des investisseurs de ma formation "Finance Domination". Il m'avait l'air un peu inquiet quant à sa situation financière. Paul a eu un souci très commun : sa voiture était tombée en panne. Pour la majorité d'entre nous, c'est un problème qu'il faut résoudre au plus vite, car c'est en voiture que nous allons au travail.

Cependant, les réparations étaient chères et Paul n'avait pas les moyens de les payer tout de suite.

Il n'a pas eu d'autre choix que d'avoir recours à un prêt à la consommation afin d'acheter une nouvelle voiture. Heureuse- ment, il a su obtenir un crédit dont le taux restait acceptable. De mémoire, c'était de l'ordre de 8 ou 10 %.

Ce qui, forcément, grossit la facture générale.

L'objectif de cet appel était de savoir s'il devait investir en premier ou remplir son fonds de sécurité.

Vous allez normalement pouvoir répondre par vous-même à cette question avant la fin de ce chapitre.

COMPTE SÉCURITÉ

UTILITÉ

La vie est faite d'événements prévisibles et imprévisibles, comme celui de Paul.

Cela dit, pour une voiture, c'est prévisible. Il serait, je pense, naïf de penser que notre voiture ne tomberait jamais en panne alors que 100 % des voitures y passent un jour ou l'autre.

Sans parler des accidents pour lesquels nous sommes en tort. On peut penser que ça n'arrivera jamais, car nous pensons tous être les meilleurs conducteurs du monde. En effet, selon une étude, 93 %

des Américains pensent conduire mieux que 50 % de la population3.

Je vous en donne une autre : 94 % des profs se pensent meilleurs que la moyenne de leurs semblables. J'ai dû visiblement avoir une incroyable malchance avec mes professeurs...

C'est la même chose pour l'argent. Vous vous rappelez quand je disais en début de chapitre : "l'humain a tendance à être opti- miste pour sa cause et pessimiste pour les autres" ?

Nous en avons ici la preuve.

Le souci, c'est que nous pensons souvent que les problèmes n'arrivent qu'aux autres. C'est pour cette raison qu'il nous faut un fonds de sécurité.

Celui-ci permet de pallier les aléas de la vie. Le monde change rapidement et si nous oublions de changer, il nous le rappellera. Des amis de collège et de lycée rêvaient de travailler chez Airbus, car c'était le saint graal de la sécurité de l'emploi. C'était près du foyer des parents et il y avait de bons avantages, "puis Airbus ne coulera jamais, c'est une belle boîte".

Fin 2019-début 2020, le Covid-19 se répand à travers le monde et secoue tout le secteur du tourisme. Les compagnies aériennes coupent court à leurs commandes, toute l'industrie, qui pen- sait vivre son âge d'or, se retrouve dans une situation plus que délicate.

3 https://en.wikipedia.org/wiki/Illusory_superiority#Driving_ability

La perte d'un emploi ou d'une source de revenus peut arriver. Le fonds de sécurité existe pour nous laisser le temps de rebondir. C'est sa première utilité, mais c'est loin d'être la plus importante. Si je vous demandais de marcher sur une corde située à plus de 200 mètres du sol afin de rejoindre une montagne sur laquelle vous rêviez d'aller, en admettant que vous soyez bon, voire très bon équilibriste. Le feriez-vous ?

J'espère que non. Maintenant, reprenons la même scène. J'y ai rajouté un filet de sécurité géant qui vous protégera. Le pire qu'il puisse vous arriver, c'est une entorse.

Le feriez-vous ?

Je pense que oui.

C'est exactement le confort que va vous apporter le fonds de sécurité.

Savoir que nous pouvons vivre en autonomie pendant minimum 6 mois nous permet de plus passer à l'action, nous savons qu'en dessous de nous est suspendu un filet de sécurité.

Je dois aussi ajouter que savoir que nous (et non un quelconque gouvernement) avons le contrôle de notre futur, ça rassure.

Vous vous souvenez de Paul ? Imaginez qu'il se mette à investir sans avoir son fonds de sécurité.

Je suis du genre à toujours conseiller d'investir, mais investir sans fonds de sécurité, c'est volontairement se mettre dans une situa- tion délicate.

N'oublions pas qu'un problème n'arrive jamais seul et c'est bien souvent quand nous avons des difficultés financières que nos investissements sont en chute.

Il n'y a rien de pire que d'être forcé de vendre à un moment non choisi. L'investissement ne sert à rien si nous n'avons pas le contrôle à 100 %.

Je vais le répéter : l'investissement ne sert à rien si on n'a pas le contrôle à 100 %.

Quand je parle de contrôle, je parle de contrôle émotionnel et financier.

Oui, les investissements sont nécessaires et en général rentables sur le long terme, mais si nous rencontrons un souci, ou que les fins de mois sont difficiles et qu'en plus nous voyons notre argent durement gagné baisser de 20 à 30 % sur les marchés, ça a de quoi créer la panique.

Si nous avons besoin de cet argent à un quelconque mo- ment, nous allons devoir oublier notre plan d'investissement. Et c'est ça l'erreur.

C'est pour ça que le fonds de sécurité vient en premier. C'est lui qui va nous donner le confort nécessaire pour garder le cap. Tant qu'il n'a pas atteint le montant voulu, ça doit être notre principal objectif.

MISE EN PLACE

J'espère que vous avez bien fait le petit exercice de la partie 1, chapitre 3, car vous allez en avoir besoin ici pour mettre en place votre fonds de sécurité.

Voici comment établir un bon fonds de sécurité :

– Calculer votre moyenne de dépenses mensuelles.

– Multiplier par 6 (je conseille de multiplier par 12 si vous êtes entrepreneur, intérimaire ou que vous avez un statut avec peu ou pas de sécurité).

– Essayez d'atteindre cette somme au plus vite en la mettant dans un compte bancaire séparé et compliqué à utiliser. La banque au coin de la rue sera parfaite pour ça.

Pourquoi est-ce que je conseille un compte bancaire qui n'est pas simple d'utilisation ?

Le but est de rendre l'accès à cet argent compliqué. Bien sûr, tout le monde n'a pas la même relation face à l'argent. Certains ne pourront pas s'empêcher d'essayer de retirer l'argent de ce compte et d'autres seront rigoureux.

Le but n'est pas ici de faire une introspection pour savoir dans quelle catégorie vous rentrez, mais de mettre le plus de chances de votre côté.

Pour le remplir, c'est assez simple, le plus rapidement possible. Si vous avez de l'argent de côté, mettez-le maintenant. Si vous n'en avez pas ou que ce n'est pas assez, essayez de diminuer vos dépenses.

La meilleure chose à faire sera de procéder à un virement vers votre fonds de sécurité directement une fois le salaire encaissé.

Félicitations, vous avez maintenant de quoi vivre pour assurer votre avenir et vous retourner si jamais une ou plusieurs de vos sources de revenus s'arrêtaient du jour au lendemain.

QUESTIONS

Puis-je me servir du fonds de sécurité pour payer mes impôts ?

Non, c'est une dépense prévue.

Pour réparer ma voiture ?

Non, c'est aussi normalement une dépense prévue.

Pour la rentrée des classes ?

Encore une fois, c'était une dépense prévue.

Puis-je commencer à investir avant ?

Non, sauf si vous comptez écourter vos nuits et stresser puis potentiellement perdre de l'argent.

Puis-je laisser cet argent sur mon compte courant ?

Non, le but est justement de le séparer, pour "oublier" cet argent.

Alors quand est-ce que je m'en sers ?

Quand vous n'avez vraiment plus le choix. Si les sources de revenus se sont stoppées, par exemple.

CHAPITRE 7
LE COMPTE DE DÉPENSES

Nous en avons parlé en début de livre, l'argent est une énergie et l'argent n'a d'utilité que s'il est transformé. C'est d'ailleurs pour cette raison que nous voulons faire travailler cette énergie afin qu'elle produise elle-même un surplus d'énergie que nous allons pouvoir dépenser.

Sauf que si nous ne savons pas quelle est notre réserve d'énergie et combien d'énergie nous voulons utiliser, nous allons peut- être nous exténuer ou ne pas assez utiliser notre réserve d'éner- gie.

Je peux comprendre que ce soit quelque chose qui soit diffi- cile à mesurer sans avoir de point de référence. Heureusement, nous avons créé ce point de référence et nous allons pouvoir nous en servir encore une fois dans cette partie.

COMPTE DÉPENSE

UTILITÉ

Le compte de dépenses est là pour nous simplifier la vie. D'ailleurs, chaque compte est là pour simplifier la vie.

Le compte de dépenses va nous faciliter la vie parce qu'il va nous éviter d'avoir à nous poser les questions suivantes toutes les 30 secondes :

– Est-ce que je peux me l'acheter ?

– Est-ce que je peux sortir ?

– Est-ce que je peux louer ça ?

– Est-ce que j'ai le droit de sortir ?

– Est-ce que je peux acheter ces habits ?

– Est-ce que je peux acheter ce nouveau téléphone ?

Bref, toutes ces questions qui, pour moi, polluent notre esprit et, je l'ai déjà dit auparavant, limitent notre pouvoir de décision.

Une étude à été menée sur 1 112 jugements de tribunaux sur une durée de 10 mois. Elle a révélé des données très intéres- santes quant au fait de recevoir un jugement en notre faveur. À votre avis, quel est le meilleur moment pour être jugé ?

C'est soit le matin ou après la pause déjeuner. C'est là que vous aurez le plus de chances d'être relâché4.

En effet, relâcher quelqu'un qui a commis un crime est une décision plus dure à prendre que de le laisser en prison.

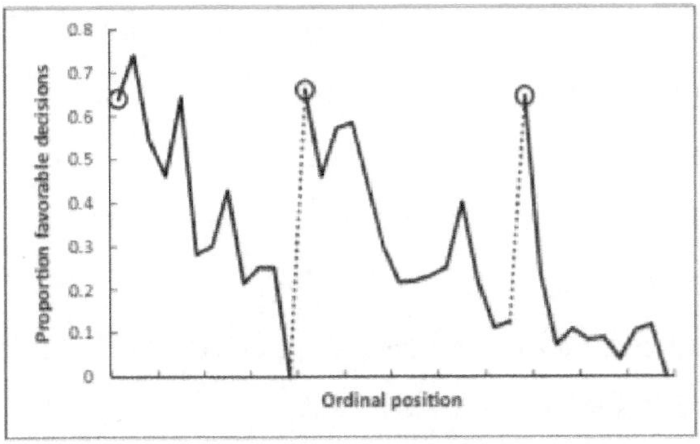

Je tenais à montrer cela afin d'illustrer la faiblesse de notre pou- voir de décision. Et des décisions, nous allons en prendre toute la journée, que ce soit pour le repas ou nos achats.

Le compte de dépenses est là pour ça. Nous allons prendre une décision réfléchie en amont, puis laisser le plan tourner tout seul, ce qui nous permettra, tout au long du mois, de dépenser normalement pour toutes nos dépenses quotidiennes.

4 https://www.pnas.org/content/pnas/108/17/6889.full.pdf

MISE EN PLACE

Pour mettre en place votre compte de dépenses, nous allons encore une fois utiliser notre moyenne de dépenses mensuelles que nous avons calculée dans la première partie.
Ce compte de dépenses, nous allons tout simplement y verser chaque mois la même somme.
Je conseillerais même d'essayer de mettre moins d'argent si on veut investir plus.
Une autre solution pour augmenter notre compte de dépenses et pouvoir dépenser plus, ce serait d'activer d'autres revenus ou d'avoir des investissements qui tournent pour nous, c'est pour cela qu'on maximisera notre compte d'investissement, que l'on verra dans le prochain chapitre.
Je vous conseille ici de passer par une banque de dernière génération, c'est-à-dire une banque mobile.
Qu'est-ce qu'une banque mobile ? C'est une banque qui a d'abord été pensée pour un usage sur smartphone. L'application est agréable à utiliser et tout le processus d'ouverture peut se faire via votre smartphone.
Par ailleurs, elles demandent en général pas ou très peu de frais et la carte bancaire est incluse gratuitement. Vous vous deman- dez sans doute comment elles font pour être gratuites et vous avez raison.

Toutes les banques touchent une commission sur nos achats, payée par le commerçant. C'est comme ça qu'elles se rému- nèrent, ainsi qu'avec des offres premium pour avoir un autre design de carte, certaines assurances et services supplémentaires. En plus de ça, ces banques vous permettront de connaître en temps réel vos dépenses (notification à chaque achat) et de les catégoriser automatiquement plus ou moins précisément, ce qui vous donnera une meilleure vision de là où vous en êtes et de là où vous allez.

Pour voir les meilleures banques du moment, passez par ce lien :

https://rlbt.me/banques

Voici les étapes à suivre :

- Ouvrir un compte de dépenses
- Mettre en place un virement automatique (mensuel) vers ce compte
- Dépenser

QUESTIONS

Je n'arrive pas à tenir un mois avec mon compte de dépenses, que faire ?

La gestion de l'argent est différente pour tous. C'est pour ça qu'il est important de se connaître. Si, par exemple, vous avez du mal à boucler les fins de mois avec le simple virement de votre compte de dépenses, vous devriez essayer dans un premier temps de planifier plusieurs virements.

Par exemple, au lieu de recevoir 1200 € pour vos dépenses en une fois, vous pouvez créer deux virements : 600 € le 1er du mois et 600 € le 15 du mois. Divisez autant que vous le souhaitez. Vous voyez d'ailleurs qu'on reproduit le même schéma que les décisions des juges selon le moment de la prise de décision. Puis-je être à découvert ?

Non, notre but est ici de limiter les donations faites aux banques. Il y a, je pense, des organisations plus louables auxquelles don- ner votre argent.

Je vous conseille d'ailleurs fortement d'ouvrir un compte pour lequel le découvert n'est pas autorisé.

Il me reste de d'argent à la fin du mois sur mon compte, que faire ?

Vous pouvez utiliser cet argent pour remplir plus rapidement votre fonds de sécurité et/ou l'investir.

Bien sûr, si vous avez envie de vous acheter quelque chose, vous pouvez aussi le faire.

Puis-je acheter ma nouvelle TV avec ce compte ?

Oui, il peut arriver que votre compte de dépenses se remplisse de plus en plus. Il est donc tout à fait logique de pouvoir vous faire plaisir avec. J'ai pris l'exemple d'une TV, mais ça aurait pu être une planche de surf ou tout autre chose.

Nous aurions pu établir un autre compte bancaire pour ce genre de dépenses, mais notre but est de faciliter notre gestion de l'argent, pas de compter au centime près.

CHAPITRE 8
LE COMPTE D'INVESTISSEMENT

Dans ma quête de l'indépendance financière totale, j'ai rencon- tré quelques personnes ayant eu un réel impact sur ma vie, en particulier un "digital nomad", à Budapest en 2017.

Mon ami Tarek me l'avait présenté comme un "semi-retraité".

Je dois avouer que c'était la première fois que j'entendais ce terme et j'étais plutôt étonné. Je me demandais en quoi ça consistait : il travaillait 50 % du temps ? Que faisait-il lors des 50 % restants ?

Quand j'ai vu que ce "digital nomad" avait à peine 35 ans, je me suis directement dit que c'était un mensonge. À cette époque, j'avais déjà commencé à investir, notamment dans les cryp- to-monnaies et quelques assurances-vie. Je commençais tout juste à bien comprendre les rouages de la bourse et j'étais prêt à créer mon premier portefeuille boursier.

J'avais donc déjà quelques connaissances et j'étais prêt pour mon interrogatoire.

En parlant un peu avec cette personne, j'ai compris qu'elle avait épargné environ 500 000 €. Cet argent était investi en bourse. Je tiens à préciser qu'après la crise de 2008, la bourse n'avait pas cessé de monter. Il a donc dû voir son capital doubler en moins de 10 ans. Sachant que le rendement de la bourse est en moyenne (depuis sa création) de 8 % par an, j'ai fait mon calcul.

Cette personne gagne, grâce à la bourse, 40 000 € par an. Ce qui n'est pas trop mal et qui permettrait à beaucoup de personnes de pouvoir vivre sans travailler. Et ces 40 000 €, c'est potentiel- lement sans toucher à son capital existant.

Cela étant dit, on a parlé de semi-retraite. Je me suis alors dit que cette personne ne retirait pas tous ses gains et en laissait une partie afin de les laisser travailler.

Nous pouvons donc estimer que cette personne retire 20 000 € par an, ce qui lui ferait une rente de 1 667 € par mois.

C'est tout à fait convenable pour vivre dans des pays d'Europe de l'Est ou d'Asie du Sud-Est. À cela nous pouvons ajouter 1 000 € par mois minimum qu'il peut gagner via diverses missions en ligne.

C'est l'estimation la plus basse que j'avais faite et j'étais stupé- fait. Si nous priorisons nos investissements, nous pouvons donc bien partir en retraite avant 65 ans.

Cette personne pouvait voyager, avait un contrôle presque total de son temps, ce qui lui permettait de passer plus de temps à faire ce qu'il aimait vraiment.

C'est pour cette raison qu'il faut toujours avoir un compte d'investissement.

COMPTE INVESTISSEMENT

UTILITÉ

Avez-vous déjà entendu la fameuse phrase : "il faut se payer en premier" ?

C'est justement le but de ce compte d'investissement. Parce que oui, nous avons tendance à oublier de nous dire que nous tou- cherons une retraite ou de nous dire que demain sera meilleur.

C'est le propre de l'humain que de voir le jour d'après positivement et avec un certain optimisme.

Ne me faites pas dire ce que je n'ai pas dit : je suis un grand optimiste aussi, mais j'ai bien compris une chose : notre niveau d'énergie diminue avec les années et nous devrions plus profiter de la vie quand on le peut car notre temps est limité. C'est pour ça que nous avons besoin d'un compte d'investissement.

Ce compte d'investissement ne va pas nous apporter du bonheur instantané, mais il va construire notre futur et le capital qui nous permettra d'avoir cette liberté financière dont on rêve tant. Si nous mettons le compte d'investissement au second plan, nous mettons aussi notre liberté au second plan et nous oublions tous nos rêves et tous nos désirs.

Même si ça peut paraître contre-intuitif, c'est le compte qu'on va devoir remplir en premier parce que si on ne peut pas payer toutes nos dettes du moment, il faut savoir que c'est parce qu'on n'investit pas. Le seul moyen de pouvoir sortir de cette "rat race", de ce cercle vicieux, eh bien c'est d'investir.

Notre temps est limité, notre pouvoir de décision est limité et notre énergie est limitée. C'est pour cette raison qu'il faut faire travailler notre argent. C'est le seul moyen d'arrêter d'avoir à travailler pour l'argent.

Chapitre 8

MISE EN PLACE

Le compte d'investissement est sans doute le compte qui va vous demander le plus d'attention.

Pourquoi ?

Parce que son but sera de constamment augmenter le montant que vous lui attribuez.

Peu importe le montant que vous avez choisi pour le compte de dépenses, c'est le compte d'investissement qui sera payé en premier.

Pour celui-ci, il n'y a pas de montant précis. Nous allons fonctionner en pourcentage. Pour commencer, mettez 5 % de vos revenus nets. Votre but est d'augmenter ce pourcentage tous les 3 mois au dé- but afin d'atteindre les 10 %, puis 20 %, et pourquoi pas 30 %. Certains d'entre vous arriveront peut-être même à investir plus que ça.

Dites-vous bien que c'est ce qui vous permettra d'être libre.

Pour ce compte, je vous conseillerais de prendre une banque en ligne. Les banques en lignes sont avantageuses, car elles sont faibles en frais et permettent en général de faire des virements rapidement. Cela vous permettra d'être plus réactif dans vos investissements.

Encore une fois, la banque que je conseille en ce moment est disponible ici :

https://rlbt.me/banques

Dans *L'Homme le plus riche de Babylone* (qui est un de mes fa- voris), l'auteur, George S. Clason recommande d'investir mini- mum 10 % de ce que nous gagnons.

Voici les grandes étapes à suivre :

– Ouvrir un compte dans une banque en ligne

– Toujours virer minimum 5 % de vos revenus vers ce compte, dès qu'ils vous parviennent.

QUESTIONS

Je dois payer les impôts, puis-je éviter le virement vers mon compte d'investissement ?

Non, vos investissements doivent être votre priorité. Vous devez vous payer en premier, peu importe ce qu'il en coûte.

Si je ne pioche pas dans mon compte investissement, est-ce que je vais être à découvert ou devoir contracter un crédit ?

Non, vous devez impérativement trouver une autre solution. Vendez quelque chose ou trouvez un moyen de gagner de l'argent via une petite mission.

J'ai besoin de vacances, se relaxer c'est aussi investir en soi, non ?

Oui, mais ne touchez pas à votre compte d'investissement. Quand est-ce que je peux toucher à mon compte d'investisse- ment ?

Lorsque vous aurez atteint la liberté financière totale.

CHAPITRE 9
POUR ALLER PLUS LOIN

Félicitations, vous avez déjà normalement trois comptes bancaires qui vous permettent de faciliter la gestion de votre argent ! Nous allons maintenant voir comment vous pouvez aller plus loin si vous le souhaitez, afin d'avoir un système qui vous correspond mieux.

Pour rappel, l'ordre des comptes est :

– Le fond de sécurité.

– Une fois qu'il est rempli, la priorité est d'envoyer minimum 5 % de nos revenus vers le compte d'investissement.

– Le reste ira dans le compte de dépenses.

LES DÉPENSES REGRETTABLES

Qui, à 22 ans, n'a pas rêvé d'avoir un camion aménagé afin de pouvoir aller surfer sur toutes les plages de France et pouvoir aller où on veut quand on veut et dormir où on veut ?

Cette situation idyllique, on la revoit souvent dans les magazines, les dernières vidéos de vacances, et forcément, ça donne envie. C'était le cas d'un de mes amis (qu'on appellera Hervé), qui a acheté un camion pour l'aménager. En soi, l'idée est géniale, ça permet à chacun de vraiment profiter de sa passion qui était ici le surf.

Le problème, c'est que ce genre de camion est assez exigeant au niveau de l'entretien, de l'aménagement, mais aussi en argent, car il faut acheter des pièces et divers équipements afin de pou- voir l'aménager, ce qui est tout à fait normal et qu'on peut pré- voir à l'avance. Il y a toujours des dépenses qu'on n'a pas pré- vues, car on a tendance à être trop optimiste pour ce que l'on a acheté. Je connais peu de monde qui s'est dit en achetant une voiture "ah mais ça va me coûter tant en plus en assurance et ça va me coûter tant en plus en frais d'entretien".

Ce qui est arrivé à Hervé, c'est qu'il s'est retrouvé avec une panne qu'il a dû réparer le plus rapidement possible au garage afin de pouvoir réutiliser le camion pendant la saison où les conditions de surf était les meilleures.

Son contrat de travail se terminait quelques semaines plus tard. Comme un problème n'arrive jamais seul, son unique entrée d'argent venait donc de disparaître pour être remplacée par les allocations chômage, en plus de la panne de son camion.

Étant donné que ce camion n'est pas un camion qu'on trouve à tous les coins de rue, le garage met du temps à trouver la panne et à trouver les pièces adaptées.

Comme toutes pièces rares, elles ont en général un prix assez élevé.

Ce camion, je le connais bien, nous y avions passé plusieurs dizaines d'heures à voyager vers différents coins de la France. La dernière fois, nous étions descendus à La Rochelle à son bord. La décision était difficile à prendre, mais elle était nécessaire : se séparer du camion. Le camion s'était transformé en gouffre financier, car une nouvelle dépense de réparation tombait tous les trois mois, sans parler des dépenses d'aménagement.

Ce que j'ai vu dans tout ça, c'est qu'Hervé regrettait parfois ses dépenses et regrettait cet achat qui ne cessait de lui coûter plus. Quand nous commençons à avoir moins d'argent, nous re-calculons nos décisions prises auparavant, ce qui peut nous empêcher d'apprécier pleinement les dépenses faites pour nos hobbies ou nos plaisirs les plus fous.

Alors pourquoi ne pas créer un compte dédié à ces dépenses ?

COMPTE PARTICULIER

Vous pouvez maintenant adapter cette stratégie pour qu'elle corresponde plus à vos besoins. Vous pouvez donc ouvrir d'autres comptes, par exemple. Mais pourquoi ouvrir d'autres comptes alors que nous en avons déjà trois et que la plupart des gens n'en ont qu'un seul avant de commencer à mettre en place cette méthode ?

Avoir d'autres comptes vous permettra d'affiner votre stratégie.

Vous pouvez par exemple avoir un compte qui va vous servir pour votre passion, là où vous préférez dépenser le plus et qui vous permettra d'avoir plus de contrôle. Ça peut être toutes sortes de choses, comme :

– Le shopping
– Les jeux vidéo
– Un sport
– De l'art
– Des expériences
– ...

C'est à vous de voir, ça devrait vous aider à limiter les dépenses dans un premier temps, puis les augmenter et pouvoir en profi- ter plus, puisque vous allez pouvoir petit à petit augmenter cette catégorie de dépenses grâce à vos investissements.

Là où ça vous aidera le plus, c'est que ça vous permettra de dépenser sans avoir de remords, sans vous dire "mince, je n'aurais pas dû dépenser, j'aurais plutôt dû investir ou me construire un socle de sécurité" et d'enlever ce poids émotionnel dans la dé-

pense, d'enlever ce frein qui fait qu'après avoir acheté quelque chose, vous allez le regretter en ayant la sensation d'avoir fait quelque chose de mauvais.
Ce compte vous soulagera de ces remords, vous pourrez dépen- ser en toute tranquillité.

MISE EN PLACE

La bonne nouvelle, c'est que vous n'avez pas spécialement besoin d'ouvrir un autre compte bancaire. Si vous avez choisi une des banques modernes, elle vous permettra en général de créer un "espace".
Un espace, c'est un petit peu comme un sous-compte bancaire, c'est-à-dire qu'on va pouvoir lui allouer de l'argent pour pouvoir atteindre le montant souhaité, un petit peu comme une cagnotte. Vous pouvez ensuite vous en servir pour n'importe quelle raison. C'est à vous de décider.
Un abonné de ma chaîne YouTube5 m'a dit avoir une carte bancaire spécifique pour Amazon, sur laquelle il mettait 50 € par mois afin de lui éviter d'acheter trop de choses mais aussi pour garder ce plaisir de pouvoir acheter ses petites babioles.
Si votre banque ne le propose pas, vous pouvez ouvrir très simplement un autre compte avec une application mobile, ce qui,

5 https://www.youtube.com/channel/UCjLCkSy69M9E1bdnr2zMB2Q

je le rappelle, prendra moins de 10 minutes et vous permettra d'avoir un autre compte qui peut servir pour une dépense spécifique. Une carte qui permet par exemple aux plus gourmets d'entre vous de vous payer des restaurants 3 étoiles.

LES APPLICATIONS

La multibancarisation est un phénomène assez récent. Pendant plusieurs décennies, nous ouvrions un compte bancaire dans la même banque que papa et maman, dans le même petit village, sans trop se poser de questions.

C'est encore la majorité des cas, mais c'est en train de changer. Afin de bénéficier des différentes promotions d'ouverture, des divers services et divers avantages, certaines personnes se sont mises à ouvrir plusieurs comptes bancaires.

C'est sans compter les différents livrets qu'on pourrait avoir dans d'autres banques, les assurances vie ou encore les investissements internes à certaines entreprises.

Il devient donc difficile de suivre notre capital en temps réel, étant donné que cet argent est réparti sur divers comptes.

C'est pour cette raison que certaines applications se sont lancées sur ce créneau. Vous les installez, vous vous connectez à vos di- vers espaces bancaires, et cette application fera l'agrégation de tous les comptes.

C'est une très bonne idée, puisque ça permet d'avoir tous ses comptes au même endroit et d'avoir une vision générale. De plus, certaines d'entre elles vous permettent de bénéficier d'une analyse des différentes dépenses par catégorie.
Elles donneront aussi en général certains conseils pour ouvrir un compte chez un de leurs partenaires, que ce soit pour des investissements, des dépenses énergétiques ou autres.
Cela fait partie de leur modèle de rémunération, avec aussi la possibilité d'un abonnement premium afin de profiter de fonctionnalités supplémentaires.
Le seul problème que j'ai avec ces applications d'agrégation, c'est que nous avons constamment ce gros chiffre qui s'affiche sur notre téléphone. Nous voyons tout notre capital liquide avec nos investissements, nos réserves pour les dépenses, notre compte de sécurité, bref tout ce qui était alloué à un but précis. Nous allons le voir comme si c'était de l'argent disponible.
Notre cerveau ne va pas savoir faire la différence entre ce gros chiffre et le montant qu'on peut vraiment dépenser, ce qui va faire que nous allons sans doute dépenser plus.
C'est un phénomène qui s'appelle l'ancrage : lorsqu'on vous donne un prix haut, puis un prix bas, vous allez penser que le prix faible est beaucoup plus faible, puisque vous allez le com- parer au prix élevé.

Une étude a été menée sur des professionnels de l'immobilier6. Dans cette étude, le chercheur a volontairement masqué le prix de certaines résidences, puis les a fait visiter à des profession- nels de l'immobilier. Il les a testés de deux façons : la première consistait à donner le prix réel au début de la visite, la deuxième consistait à donner un prix gonflé.

Il a ensuite été demandé à ces professionnels de donner leur estimation. En moyenne, ceux qui avaient vu un prix gonflé au début de la visite surestimaient la valeur de ce bien. Pourtant, tous les professionnels de l'immobilier disaient clairement que le prix donné au début n'avait pas influencé leur choix.

Si nous voyons un gros chiffre, le reste paraît dérisoire, car notre cer- veau va comparer ces deux chiffres. Et c'est là le problème, puisque ça pourrait nous amener à dépenser plus et/ou plus souvent.

GARDER SES COMPTES VIDES

N'avez-vous pas remarqué un phénomène intéressant lorsque nous partons en vacances ? Peu importe la taille de notre valise, nous allons toujours la remplir, quelle que soit la durée de notre séjour.

C'est le propre de l'humain : nous avons tendance à remplir les contenants et à les vider. Difficile pour notre cerveau de primate de

---

6 https://www.sciencedirect.com/science/article/abs/pii/074959788790046X

prévoir le futur lorsque nous avons encore des ressources disponibles.

Car il ne faut pas l'oublier : ce n'est que depuis peu que nous pouvons conserver des ressources alimentaires pendant une certaine durée.

C'est pareil avec l'argent. Ce que nous avons dans notre portefeuille, nous le dépensons rapidement, car nous n'avons aucune friction pour le dépenser. Au contraire, ça nous ferait presque du bien de nous en défaire, histoire de ne plus avoir cette somme d'argent sur nous.

C'est la même chose pour ce qu'il y a sur notre compte bancaire. Il est si facile aujourd'hui de réaliser une transaction grâce à sa carte bancaire ou encore mieux, son smartphone.

Si nous diminuons les sommes disponibles dans notre portefeuille ou sur notre compte bancaire comme nous l'avons vu auparavant, nous diminuons automatiquement nos dépenses sans même nous en rendre compte.

C'est pour ça qu'à partir du moment où l'argent arrive sur notre compte bancaire, nous sommes pressés de l'investir et de le répartir au bon endroit. Ce sont les investissements qui nous offriront notre liberté. Même s'ils sont lents et qu'ils présentent un danger sur le court terme, ils sont la clé de notre bonne santé financière.

C'est pour cette raison qu'ils doivent être notre principale source d'attention et qu'il ne faut pas garder trop d'argent à disposition trop longtemps, sinon nous rentrons dans une phase de confort et de sécurité.
Cette phase, c'est celle qui fait obstacle entre nos rêves et leur exécution. Libre à chacun de choisir son destin.

LE TRAVAIL À REFAIRE

Vos sources de revenus vont changer, vos dépenses vont changer, vos habitudes vont changer, la Terre continue de tourner et le monde continue d'avancer, il est normal que votre situation financière évolue.
Il faut donc savoir s'adapter, il faut savoir prendre le temps de ré-analyser. Ce que nous gagnons aujourd'hui, ce n'est pas ce que nous gagnerons demain. Ce qui compte, c'est ce qu'on a investi aujourd'hui, mais aussi ce qu'on investira demain.
C'est pour ça que vous devez ré-analyser vos dépenses une fois par an minimum. Cette analyse sera chaque fois plus rapide et vous permettra de savoir exactement où vous en êtes.
Imaginez que vous faites l'ascension d'une grande montagne. Il vous arrivera de vous arrêter afin de savoir à peu près où vous en êtes et combien de temps il vous reste pour arriver à votre but. C'est tout à fait normal. Ça vous permettra de mieux gérer vos

ressources et votre énergie en fonction des informations que vous allez récolter lors de cette analyse.

C'est la même chose avec votre argent : il faut savoir s'arrêter et regarder pour s'adapter, car dans les finances personnelles et les investissements, nous ne cherchons pas la perfection. Celle-ci n'existe pas. Puisque le monde est en mouvement, l'adaptation est nécessaire.

Bien sûr, plus vous êtes jeune, plus votre condition financière évolue rapidement. Un changement d'emploi, de rémunération, un changement d'adresse peut tout bouleverser. C'est pour ça que je conseillerais de procéder à une analyse rapide tous les 3 ou 6 mois afin de vérifier là où vous en êtes et ce qui vous manque pour arriver là où vous voulez aller.

PERSONNALISER

Lorsque vous avez créé les trois premiers comptes bancaires (sécurité, dépenses, investissement), vous avez déjà effectué 80 % du travail utile en 20 % du temps. Je me doute que certains d'entre vous voudront aller plus loin, essayer d'avoir encore plus de contrôle.

La personnalisation n'a pas de limite, nous pouvons passer un temps infini à essayer de créer le système parfait, et le temps que nous utilisons, nous ne le récupérerons jamais. C'est pour ça qu'il

faut, je pense, savoir accepter l'imperfection et s'en conten- ter.
Tout le temps que vous allez passer à essayer de faire des mi- cro-adaptations, à essayer de recalculer, d'avoir le chiffre exact à la virgule près, vos petits-enfants n'en auront rien à faire.
Je pense qu'il serait préférable de passer ce temps-là à essayer de générer d'autres sources de revenus qui nous font plaisir et de passer plus de temps sur ce qui compte vraiment pour nous. Il est important d'avoir conscience du fait que nous avons déjà une base solide pour nos finances, que notre système d'investissement est en place et que nous pouvons avancer.

CALCUL LIBERTÉ FINANCIÈRE

Je me doute qu'avec le calcul dont nous avons parlé pour le digi- tal nomad, vous vous demandez combien il vous faudrait inves- tir en bourse afin d'être libre financièrement.
Il faut d'abord considérer combien vous dépensez par mois.
Prenons par exemple 2000 €, que nous allons multiplier par 12 afin d'avoir nos dépenses annuelles.
2 000 € X 12 = 24 000 € par an.
Ensuite, la bourse rapporte en moyenne 8 % par an, nous en parlerons en détails plus tard. Il faut donc diviser notre montant annuel espéré par le taux d'intérêt annuel. Ce qui nous donne :

24 000/0,08 = 300 000 €

Il faudrait alors investir 300 000 € en bourse et retirer 8 % chaque année, ce qui représente les gains. Bien sûr, c'est une moyenne, ce qui veut dire que parfois nos gains seront inférieurs à 8 %, ou même négatifs et parfois supérieurs à 8 %. Afin d'être tranquille, il sera préférable de retirer seulement 4 %, ce qui permettra de laisser une partie de notre capital travailler. 24 000/0,04 = 600 000€

Je vous donne un autre chiffre qui vous sera très utile : 72.

Afin de savoir combien d'années il faudra pour doubler un investissement, vous divisez 72 par le le taux d'intérêt :

72/8 = 9

Il faut donc en moyenne 9 ans pour doubler son capital en bourse.

PARTIE 3
INVESTIR

CHAPITRE 10
LES NOUVELLES RETRAITES ?

Depuis le début de ce livre, nous avons un gros sujet dont personne ne parle et je compte bien soulever la question : les retraites.

Il faut savoir que le système des retraites est complètement cassé, puisqu'il est fondé sur un principe de déficit, c'est-à-dire que ce sont les personnes actives qui payent pour les inactifs.

En soi, c'est un système très ingénieux étant donné que beaucoup de personnes ne prendront jamais la peine d'investir et ont besoin de l'État pour subvenir à leurs besoins et corriger leurs erreurs.

Lorsque le système des retraites a été créé, on comptait 4 personnes en activité pour une personne à la retraite. Nos chers politiciens ayant pour but d'être réélus 5 ans plus tard, ils n'ont pas la même problématique que nous : être au moins indépendant financièrement dans 30 ans.

Il suffisait de mener une simple étude démographique pour sa- voir que le nombre de personnes actives allait diminuer en comparaison du nombre de personnes retraitées. Ce n'est pas comme si nous n'étions pas au courant du baby-boom.

Voici l'évolution de ce ratio et la prédiction pour 2050 :

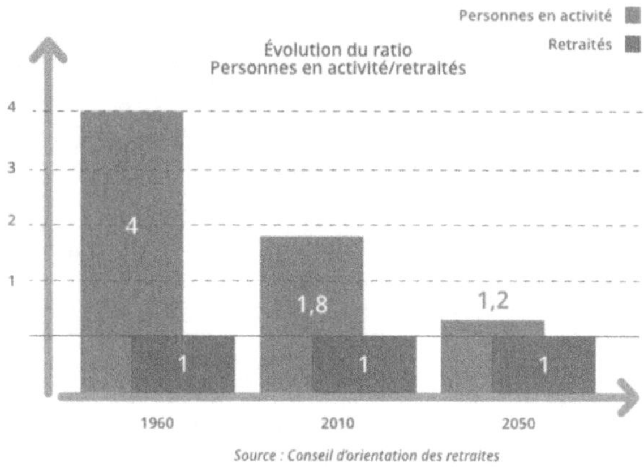

Il n'y a pas de caisse de cotisation pour les retraites étant don- né que la définition même d'une cotisation est de rassembler de l'argent en vue d'une dépense future. Sauf que pour chaque somme que nous versons à cette caisse, une petite partie seulement est directement distribuée, l'autre partie sert à faire tour- ner la machine infernale du système public.

Si demain je verse 100 € à cette caisse, ils ne seront, à aucun moment, distribués directement à une personne retraitée. Des frais en seront soustraits pour le bon fonctionnement du système. Nous avons de la chance que cette machine soit vieille et complètement cassée, car ça nous permet de nous créer une bien meilleure retraite, sur laquelle nous avons le contrôle, c'est-à-dire sans être obligé de travailler pendant 40 ou 50 ans, sans calcul de pénibilité ou je ne sais quelle autre com- plexité inutile.
Voici la définition du Larousse pour le mot "investissement" :
'Décision par laquelle un individu, une entreprise ou une collecti- vité affecte ses ressources propres ou des fonds empruntés à l'accrois- sement de son stock de biens productifs.7 "
Investir, pour moi, c'est mettre un capital dans une machine qui me permettra de récupérer plus de ressources que ma mise initiale.
Ce qui m'amène à dire que tout le monde a les moyens d'investir, puisque si nous mettons 2 € dans une machine et qu'elle nous ressort 3 €, quelle est ensuite notre capacité à investir ?
Nous pouvons soit mettre ces 3 € et obtenir 4,50 €, ou mettre 50 centimes de côté que nous encaissons et investir 2,50 €. Chacun d'entre nous a donc les moyens d'investir, puisque les investissements sont avant tout une histoire de pourcentage plu-

7 https://www.larousse.fr/dictionnaires/francais/investissement/44113

tôt que de somme absolue. Ce qui compte, c'est le pourcentage de nos revenus qu'on est capable d'investir, puisque nos dépenses sont calquées sur nos revenus.

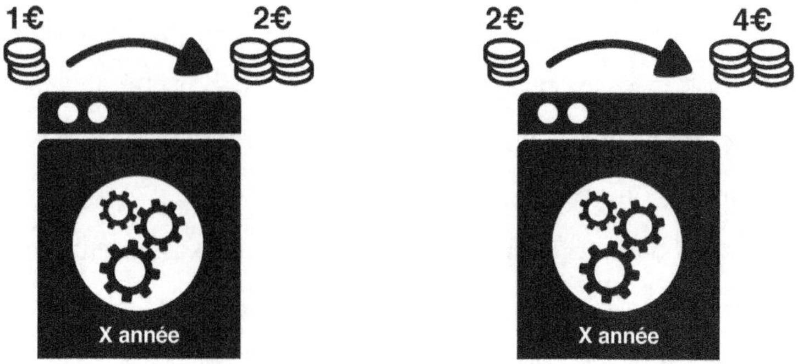

Voyons justement comment nous pouvons reconnaître un investissement.

CHAPITRE 11
COMMENT RECONNAÎT-ON UN INVESTISSEMENT ?

Dans un podcast de Joe Rogan[8], Kevin Hart a donné une interview intéressante.

J'ai particulièrement aimé la façon dont il a parlé d'investissement. Pour lui, c'est quelque chose qui est totalement étranger à son milieu. Il explique qu'en tant qu'afro-américain venant d'une banlieue pauvre avec des parents n'ayant quasiment pas de revenus, sa gestion financière était chaotique et ses investissements étaient inexistants.

Dans ce podcast, il nous raconte comment il explique les investissements à son fils. Je tiens à préciser que ce n'est pas des conseils en investissement et je pense que son analyse d'une entreprise mériterait un peu plus de détails, surtout étant don- né que je ne suis pas spécialement partisan du "stock picking" (c'est-à-dire choisir les actions une par une). Nous verrons

8 https://www.youtube.com/watch?v=vzx6h2sAGTU

ensemble des investissements plus minimalistes et qui ont plus de chances de gains.

Voici un extrait (traduit) de l'interview :

Kevin Hart : (23:06)

"Comment vivons-nous ? Qu'est-ce qu'on utilise ? Mais qu'est- ce qu'on utilise ? Et c'est ce que j'ai dit à mes enfants. J'ai dit : Qu'est-ce que tu utilises encore ?"

Kevin Hart, imitant ses enfants : (23:14)

"De quoi tu parles ?"

Kevin Hart : (23:15)

"Au quotidien, que devons-nous utiliser ? Dites-moi les choses que nous devons utiliser ?"

Kevin Hart, imitant ses enfants : (23:20)

"Du dentifrice."

Kevin Hart : (23:21)

"Qui fabrique le dentifrice ? Ils m'ont dit qui fabriquait le dentifrice ? Est-ce une entreprise dans laquelle on peut investir ? Est-ce que vous avez l'impression que tout le monde utilise ce dentifrice ? Dans ce cas, cela signifie qu'il s'agit d'une entreprise qui a réussi et qui pourrait réussir pendant longtemps, parce que c'est un besoin nécessaire pour tout le monde. C'est un investissement, les enfants. Qu'est-ce que nous utilisons d'autre ?

Qu'est-ce que nous utilisons d'autre tous les jours ? Qu'est-ce qu'on utilise ? Qu'est-ce que vous aimez, le matin ?"

Kevin Hart, imitant ses enfants : (23:46)

"Starbucks."

Kevin Hart : (23:47)

"Est-ce un investissement ? Avez-vous l'impression que tout le monde boit du Starbucks ?"

Kevin Hart, imitant ses enfants : (23:52)

"Nous en buvons tout le temps."

Kevin Hart : (23:53)

"Vous avez l'impression que tout le monde le fait aussi ?"

Kevin Hart, imitant ses enfants : (23:55)

"Je pense que oui."

Kevin Hart : (23:56)

"C'est un investissement. C'est ce dans quoi vous mettez de l'argent, parce que vous sentez que ça va durer, que ça va se développer. Dans quels magasins allons-nous ? Où sommes-nous toujours ? Target ? Combien de personnes sont chez Target quand on y va souvent ?"

Kevin Hart, imitant ses enfants : (24:09)

"Beaucoup."

Kevin Hart : (24:10)

"Est-ce un investissement ?"

Kevin Hart, imitant ses enfants : (24:12)
“Je suppose.”
Kevin Hart : (24:13)
“Pourquoi supposer ? À ce stade, vous devriez le savoir. On en parle tout le temps.”
Kevin Hart, imitant ses enfants : (24:18)
“Pourquoi penses-tu que c’est un investissement, papa ?”
Kevin Hart : (24:19)
“Pourquoi pensez-vous que ce n’est pas le cas ? Je vous parle de mettre de l’argent là où vous sentez que ça va se développer. Avez-vous l’impression que Target va fermer demain ? Ou avez- vous l’impression qu’ils vont ouvrir d’autres magasins ? Qu’en pensez-vous ? C’est une chose que je regarde. Et c’est la chose que je regarde aussi que les gens ignorent. C’est ce qui ne va pas dans notre monde, parce que nous ne parlons pas assez comme ça aux gens. Nous ne leur donnons pas la simplicité qui se cache der- rière notre façon de bouger, et la façon dont le monde tourne.” Et c’est ça, finalement, un investissement. C’est du long terme. C’est une chose à laquelle nous participons tous les jours.
Même si vous choisissez de ne pas investir, vous participez quand même à ce système financier. Chaque jour, pour n’importe le- quel de vos achats, on peut remonter, en bout de chaîne, à une entreprise cotée en bourse.

La bourse, c'est simplement des achats de parts dans des entreprises, parfois des entreprises dans lesquelles nous dépensons de l'argent.
Alors, pourquoi dire non à une partie des bénéfices ?

ACTIF OU PASSIF

C'est l'éternelle question, qu'est-ce qu'un actif et qu'est-ce qu'un passif ?

Actif

Pour faire simple, les actifs, c'est tout ce qui va produire de l'argent sans action nécessaire de notre part.
Pour reprendre l'exemple de Kevin Hart, des actions Starbucks seraient par exemple un actif. L'action de Starbucks va s'appré- cier avec le temps, c'est-à-dire que si l'entreprise continue de se développer et de conquérir de nouvelles parts de marché, il y aura sans doute de plus en plus d'investisseurs qui achèteront l'action Starbucks, faisant ainsi augmenter son prix. C'est la loi de l'offre et la demande.
En plus de ça, Starbucks va sans doute réaliser des bénéfices (je suppose, vu les marges sur leurs cafés) et peut décider de donner une partie de ses bénéfices à ses actionnaires, ce qu'on appelle les dividendes.

Il n'y a pas que les actions qui font partie des actifs. On peut aussi y trouver la propriété intellectuelle (ce livre, par exemple), l'immobilier locatif, les obligations…

Passif

Je pourrais vous dire que c'est l'opposé de l'actif, mais ça ne nous aiderait pas vraiment. Un passif est quelque chose qui ne va pas nous rapporter d'argent ou dont la maintenance coûtera de l'argent. Notre voiture est par exemple un passif : nous l'avons achetée, nous payons des frais pour l'assurance, pour l'entretien et j'en passe. Certes, pour certains, elle sera associée à une source de revenus étant donné que nous avons besoin de nous déplacer. Cela dit, la voiture est simplement un moyen de transport, on pourrait très bien se déplacer avec un autre véhicule.

Un autre exemple pourrait en énerver certains : la résidence principale. Elle nous coûte de l'argent, que ce soit avec les taxes d'habitation, les assurances, la maintenance, les réparations, bref, beaucoup de dépenses sont associées à une résidence principale. Je sais bien que la plupart des propriétaires l'ont achetée à crédit (c'est pour cette raison que c'est un passif) et se disent "oui mais sinon je jette mon loyer par la fenêtre".

C'est faux.

Avant d'acheter sa résidence principale, il faut bien calculer sa rentabilité et se demander si elle sera plus rentable qu'un investissement.

Rappelons-nous quand même que nous sommes des êtres émotionnels. C'est pour cette raison que nous allons souvent choisir de posséder notre résidence principale, pour des raisons de sécu- rité et de confort. Nous allons justifier ces raisons en disant que c'est un investissement, que c'est un bon endroit, que l'immobi- lier va augmenter.

Mais j'ai rarement vu quelqu'un vraiment calculer, en prenant en compte l'inflation et les différents coûts rattachés, la réelle utilité de posséder sa résidence principale.

Pour vous donner d'autres exemples de passifs : crédits à la consommation, impôts à payer, voiture de sport, etc.

Attention, il ne faut pas confondre les passifs avec les dépenses, comme j'ai déjà pu le faire auparavant.

Le but est bien sûr d'augmenter le plus possible nos actifs. Nos actifs vont permettre de payer nos dépenses et de faciliter le remboursement de nos dettes, qui peuvent nous aider à bâtir nos actifs.

Le but final est de mettre en place des investissements (actifs) qui paieront toutes les dépenses, ce qui nous rend totalement libre financièrement.

CHAPITRE 12
LA 8E MERVEILLE DU MONDE D'EINSTEIN

LA DIFFÉRENCE SE VOIT DEMAIN

N'avez-vous jamais remarqué la différence de résultats entre vous et des personnes que vous connaissiez, par exemple à l'école ? Ces personnes avaient l'air de tout avoir pour elles, que ce soit les connaissances ou les qualités physiques pour réussir.

Pourtant, plusieurs années après, vous vous rendez compte qu'elles vivent un véritable cauchemar, du moins de votre point de vue.

Vous, de votre côté, vous savez que vous commencez de plus loin. Vous vous êtes sûrement dit "je vais continuer d'avancer à mon rythme en mettant le plus de chances de mon côté". Ça peut être avec de la lecture régulière afin d'apprendre de nouvelles choses, ça peut-être avec du sport, ça peut être en soignant votre alimentation ou encore en construisant des relations enrichissantes.

Dès lors, vous vous rendez compte que votre vie a l'air bien meilleure que la personne jadis populaire.
C'est justement ce dont nous allons parler : les petites choses que nous faisons qui s'additionnent et forment les "intérêts composés".

CALCUL DES INTÉRÊTS COMPOSÉS

Einstein a dit : «L'intérêt composé est la huitième merveille du monde. Celui qui peut bien comprendre l'intérêt composé en bénéficie, celui qui ne le comprend pas… le paie.»
Les intérêts composés sont heureusement plus simples que la physique quantique.
Si nous prenons l'exemple de l'argent, lorsque vous le placez sur un investissement qui produit un intérêt et que vous décidez de réinvestir l'argent que vous avez gagné, vous bénéficiez de l'effet des intérêts composés.
Reprenons cet exemple avec des chiffres. Imaginons que vous placiez 1 000 € dans un investissement qui vous rapporte 8 % par an, au bout d'un an, vous avez donc 1 080 €. Vous décidez de laisser vos 80 € gagnés, ce qui fait que l'année d'après, vous avez laissé 1080 € à 8 % par an. La deuxième année, vous aurez donc un capital de 1 166,4 €.

Au lieu d'avoir gagné seulement 80 € d'intérêts, vous avez gagné 86,40 € d'intérêts.

Reproduisons cette étape 8 fois supplémentaires en ré- investissant les intérêts et vous en êtes à 2 158,92 €. Si vous aviez retiré vos gains à chaque fois, vous seriez à seule- ment 1 800 €.

Ce qui fait tout de même une différence de 17 % sur 10 ans. La différence sur le long terme est énorme.

Regardez le graphique ci-dessous, montrant le résultat d'argent ayant travaillé pendant 30 ans :

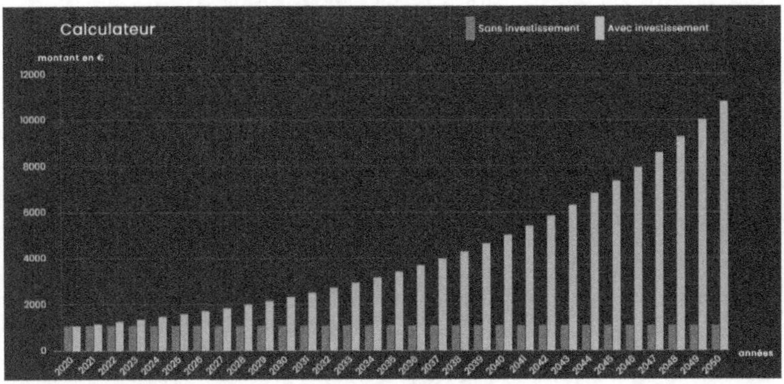

Afin de renforcer la puissance des intérêts composés, je vous ai mis un autre calcul dans lequel nous avons placé cette fois-ci 10 000 € au début, puis 1 000 € par mois dans un investissement qui rapporte 8 % par an :

Ce qui nous fait : 1 468 034€. Plutôt une belle retraite, non ?

Ça met un petit pied de nez au fameux proverbe “un tiens vaut mieux que deux tu l’auras”.

Pour ceux qui sont plus visuels, les intérêts composés peuvent être comparés à l’effet boule de neige. Lorsque vous commencez à faire une boule de neige, vous en prenez d’abord un petit peu, puis, en la roulant dans le reste de la neige, vous créez une boule de plus en plus grosse grâce à la neige qui s’accumule autour. C’est la boule elle-même qui fait tout le travail : vous avez juste à la pousser un peu pour rajouter de la neige.

Si, pendant ce procédé, vous décidez de retirer de la neige de la boule, ce qui reviendrait ici à retirer les intérêts gagnés, vous al- lez devoir faire tourner cette boule de neige plus longtemps afin d’atteindre la taille voulue.

Vous pouvez d’ailleurs tester notre calculateur gratuit accessible ici pour mieux vous en rendre compte :

https://rlbt.me/calculateur

Pour les plus matheux d’entre vous, voici la formule des intérêts composés : Capital de départ X Taux d’intérêt (puissance)

A = Montant final
P = Capital départ
r = Taux d'intérêt
n = Nombre d'années

ET DANS LA VRAIE VIE ?

Les intérêts composés, c'est quelque chose qui nous suit partout. Chaque décision que nous prenons dans notre journée a un impact fort au moment T et un autre impact, plus long, dans le futur.

Si nous faisons des choix qui maximisent les futurs impacts positifs, nous avons plus de chances d'être heureux.

C'est tout le principe des habitudes dont j'avais déjà parlé sur YouTube. Je suis un grand fan des habitudes, étant donné que je suis un éternel fainéant. Les habitudes me permettent d'éviter d'avoir à me demander ce que je dois faire et me permettent de faire quelque chose qui me sera bénéfique tant aujourd'hui que dans le futur.

LE POUVOIR DES PETITS GAINS

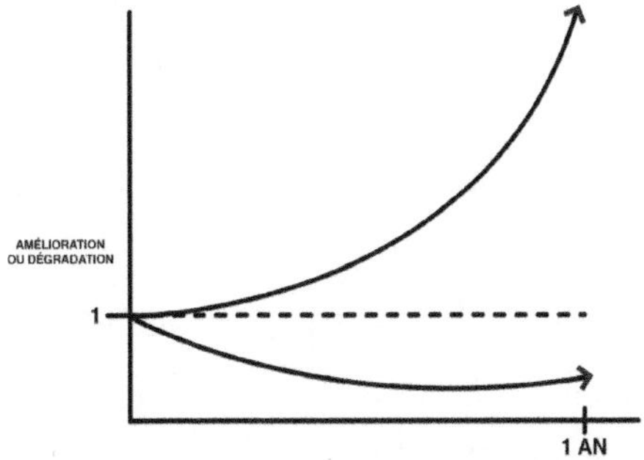

La somme de ces habitudes et de ces bonnes actions auront un effet plus puissant que nous ne pouvons l'imaginer. Le livre *Atomic Habits* de James Clear m'avait marqué avec ce chiffre : 38. Si vous vous améliorez de seulement 1 % chaque jour, à la fin d'une année vous serez 37,78 fois meilleur.
Comme vous pouvez le constater sur ce graphique, la pente négative est bien plus lente, les effets se font ressentir au début puis s'effacent.
Sans rentrer dans une phase de jugement de ceux qui nous entourent, je pense que vous verrez directement des exemples.
C'est pour cette raison qu'il faut nous concentrer sur une vision long terme et savoir que les gains seront faibles au début mais que le futur est glorieux.
Alors que ce soit pour les investissements, nos relations, notre santé, le sport, l'alimentation et j'en passe, pensez toujours à la loi des intérêts composés.

CHAPITRE 13
LA DANGEROSITÉ DES INVESTISSEMENTS

Voici comment commence généralement une conversation à propos des investissements. Tout d'abord, il faut que je vous donne le contexte.

Nous sommes à table à l'occasion d'un repas de famille, tous les plats sont sur la table et chacun a du vin dans son verre.

Puis, viennent les sujets politiques et économiques, qui peuvent potentiellement finir sur les investissements.

Vous annoncez à votre famille que vous êtes en train de bâtir votre retraite et votre indépendance financière en ayant investi en bourse.

Tout le monde sursaute autour de la table et rappelle la fameuse histoire :

"As-tu déjà oublié ton oncle Joe qui avait investi en bourse toutes ses économies ? Il a contracté un emprunt, il a tout perdu lors de la crise de 2008 : sa maison, ses économies et plus tard, sa femme. Regarde-le aujourd'hui, il est comme un minable." Lorsque nous parlons d'investissement, nous avons un étrange biais. Quand le marché est normal ou qu'il est en train de bais- ser, notre biais consiste à nous rappeler uniquement des per- sonnes qui ont vécu un échec avec un investissement.

Puis, lorsque l'investissement est à son plus haut niveau, q ue tout le monde en parle, notre biais est de nous rappeler ou de voir seulement les personnes ayant réussi dans cet investis- sement.

Dans les deux cas, ça nous fausse complètement la route, nous devrions presque nous rappeler de l'inverse.

Dans les investissements, il faut savoir être agressif quand tout le monde a peur et être défensif quand tout le monde devient agressif.

Ce qui est étrange, c'est que les investissements et, d'une manière plus précise, le marché financier et boursier, sont des véhicules qui ont permis de créer énormément de richesse. C'est d'ailleurs un des véhicules les plus simples pour y arriver et c'est pour cette même raison que beaucoup de citoyens de pays moins développés ou avec des tensions politiques aimeraient bien pouvoir y accéder.

Il faut bien se dire que nous avons aujourd'hui un privilège.

Chapitre 13

LA PEUR DE PERDRE

Que choisiriez-vous entre :

– Vivre avec 80 % de votre salaire

– Supprimer 20 % de votre salaire ?

Posez-vous vraiment la question et faites le choix entre ces deux propositions.

C'est une question qui a déjà été posée lors d'une étude et c'est une question que j'ai aussi posée à ma communauté, à l'occa- sion d'un live privé dans lequel nous parlions de bourse. Nous parlons ici d'investisseurs avertis, pourtant, sur 10 personnes, 80 % avaient choisi la première réponse : vivre avec 80 % de leur salaire.

Nous sommes d'accord que dans les deux cas, le résultat est le même. Si nous gagnons 2 000 € par mois, nous sommes donc maintenant à 1 600 € par mois.

Le choix de la réponse n'était donc pas vraiment important.

Pourtant, il illustre quelque chose de très important. En tant qu'être humain, nous avons plus peur de perdre que nous avons de satisfaction à gagner.

Nous pouvons d'ailleurs le vérifier dans les livres d'histoire : les peuples restent rarement longtemps opprimés, car la perte de leur liberté peut les pousser à se défendre jusqu'au bout.

Dans les investissements, s'il y a bien une chose à ne pas faire, c'est agir avec ses émotions. Le but d'un investissement est de toujours agir en fonction des chiffres.

AGIR AVEC LES CHIFFRES

La bourse, par exemple, selon le moment où vous lirez ce livre, sera peut-être un risque, un danger, ou une opportunité.

Ce qui est sûr, c'est que si nous prenons la bourse au niveau mondial, elle augmente d'environ 8 % par an.

C'est le taux annuel en comprenant les chutes et les divers ralentissements.

Regardez par vous-même ce graphique9 :

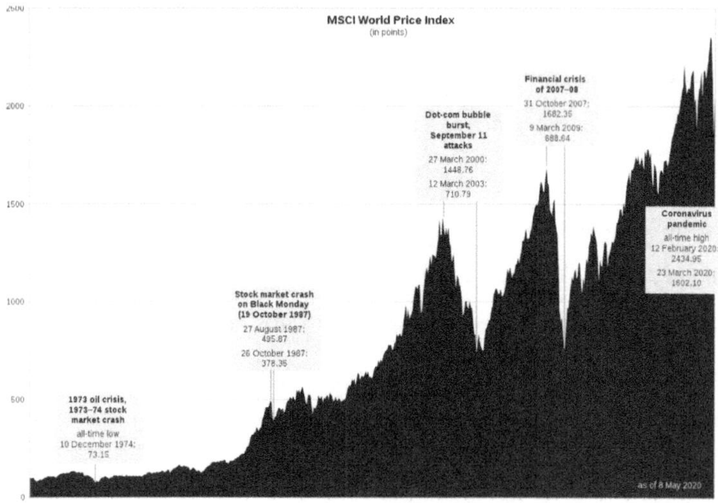

9 https://en.wikipedia.org/wiki/MSCI_World

Ce graphique représente l'évolution des indices boursiers du monde entier. Vous voyez ici des parts d'entreprises dans un monde qui ne cesse de croître.

Alors pourquoi nous souvenons-nous seulement des creux, qui sont en général plutôt courts, alors que les croissances sont longues et rapportent beaucoup d'argent ?

Le marché est cyclique. Quoi que nous fassions, nous allons connaître des périodes de croissance, puis une chute ou une crise ou même, rarement, une dépression. Cela étant dit, sur le long terme, comme on peut le voir, la croissance est constante.

Il faut donc savoir que lorsque nous investissons au cours de notre vie, nous allons connaître peut-être trois ou quatre crises économiques, ce qui n'empêchera pas notre investissement de générer des profits.

Alors, arrêtons de nous focaliser sur la perte, c'est ce qui nous fait le plus peur.

LÀ OÙ NOUS PERDONS À TOUS LES COUPS

Étant donné que nous avons peur de perdre, nous allons souvent nous dire que nous devons investir en passant par un organisme professionnel. Pour beaucoup d'entre nous, cet organisme professionnel accessible va être la banque de notre quartier, celle qui est dans une petite ville de moins de 8 000 habitants, entre le bureau de tabac et la boulangerie.

Nous allons nous rendre dans le bureau de quelqu'un qui passe sa vie devant un écran, sous une lumière artificielle de néons, un sol avec une moquette grise et une tapisserie blanchâtre. C'est à cette même personne que nous allons demander des conseils afin de nous rendre libre financièrement.

Et c'est cette même personne qui essaiera dans ce même rendez-vous de nous vendre un forfait téléphonique ou une quelconque assurance.

Cette personne nous assurera pouvoir faire fructifier notre argent sans que nous ayons quelque chose à faire. Ce qui paraît plutôt intéressant, je dois l'avouer.

Et même si nous posons des questions, les frais annoncés paraîtront ridicules. S'il vous dit par exemple qu'il facture 3 %, cela vous paraîtra tout à fait convenable.

Mais faisons à ce stade un petit calcul d'intérêts composés. Pour ça, j'ai repris le calculateur disponible à cette adresse :

https://rlbt.me/calculateur

Prenons par exemple un investissement de 100 000 €, puis de 1 000 € par mois pendant 30 ans avec un taux d'intérêt de 8 % par an, ce qui représente bien l'augmentation moyenne de la bourse, en tenant compte de l'inflation. Nous avons à la fin 2 474 416,10 €.

Maintenant, imaginons que je sois allé chez mon banquier et que j'aie pris son offre avec les 3 % de frais, ce qui fait que mes gains ne seront plus de 8 % par an mais de 5 %.

Je refais donc le calcul et voici le résultat : 1 269 323,72 €.

J'ai perdu 1 200 000 € ou en ai fait donation à la banque, chacun le verra comme il l'entend.

J'avais peur de perdre de l'argent en investissant, pourtant j'ai pris la seule solution qui me permettait d'être sûr de perdre de l'argent. La pire solution aurait été de ne pas investir, étant donné que je perdais toujours de l'argent avec les 2 % d'inflation minimum par an.

Et ça, c'est sans compter les autres frais que la banque aurait pu me faire payer, comme les frais pour tous les dépôts que je ferais ou tout autre frais dont je ne connais pas la raison.

C'est vrai que pendant ce temps, mon banquier m'aurait parfois servi un café. À ce prix là, il aurait pu inclure le croissant…

Bien sûr, j'aurais pu passer par un service en ligne, mais là, encore une fois, les frais existent, même minimes. Par exemple, 1,5 % m'auraient aussi fait perdre une bonne partie des gains.
Voici le résulat : 1 765 307,38 €

CONCLUSION

Je pense qu'apprendre à investir en bourse (ce qui est simple) est une nécessité.
Vous êtes tombé la première fois que vous avez essayé de marcher et, heureusement, vous avez continué. C'est pareil pour les investissements.

– Le marché connaît des cycles.
– La bourse connaît une croissance d'environ 8 % par an.
– Les frais sont l'ennemi.

CHAPITRE 14
LES DIFFÉRENTS INVESTISSEMENTS FINANCIERS

Je me souviens encore de la première fois que j'ai entendu parler d'un investissement. J'étais encore très jeune et ma mère m'avait conseillé de mettre mon argent sur mon compte bancaire.

De nature curieuse, j'ai demandé pourquoi.

Elle m'a répondu que si je mettais mon argent sur mon Livret A, cet argent me rapporterait 4 % par an.

J'étais tout de suite conquis par l'idée selon laquelle si j'arrivais à placer 1 000 € sur ce compte, j'allais gagner chaque année 40 €, ce qui me permettrait de pouvoir m'acheter un jeu vidéo en plus chaque année, sans avoir à travailler.

J'ai immédiatement passé mon temps à calculer la somme que j'avais besoin d'avoir sur ce compte pour pouvoir m'acheter ce que je voulais.

Depuis, l'eau a coulé sous les ponts et les investissements me passionnent toujours, du fait de pouvoir simplement placer son argent et pouvoir en récolter des intérêts, c'est-à-dire de faire travailler son argent ce qui, pour moi, est quelque chose de vraiment incroyable, car ça casse les codes que nous connaissons tous, selon lesquels il faut travailler dur jusqu'à la retraite pour enfin se prélasser, apprécier ce qui nous entoure et ce que nous voulons faire vraiment de notre vie.

Sauf que c'était trop tard, j'avais compris que je pouvais faire travailler l'argent pour moi au lieu de travailler pour l'argent. Cela dit, le livret A m'a beaucoup déçu. Année après année, son taux n'a cessé de diminuer, si bien qu'au moment où j'écris ces lignes, son taux est de 0,50 % !

Le Livret A a donc perdu son utilité, qui est normalement de protéger notre argent contre l'inflation.

Petite astuce pour savoir combien de temps ça prendra pour doubler notre capital avec un placement : il faut diviser 72 par le taux d'intérêt annuel. Si nous divisons 72 par 0,75 %, nous obtenons 96 ans.

Autant vous dire que j'avais compris qu'il fallait que j'investisse ailleurs. D'autant plus que, ne l'oublions pas, le Livret A pro- pose un plafond plutôt bas. C'est donc pour moi un investisse- ment qui reçoit beaucoup trop de pub par rapport à sa capacité. Les investissements sont une jungle, il faut savoir se concentrer sur un seul investissement à la fois, l'automatiser, puis passer à un autre investissement.

Mon but n'est pas ici de vous présenter et de vous faire la pub de chaque investissement, mais plutôt de vous montrer comment vous pouvez mettre en place simplement un investissement.

COMPARATIF DES INVESTISSEMENTS

Imaginez-vous devant un magasin de glaces.

Vous voyez plus de 50 parfums. Comment choisir ?

Peut-être qu'il ne vous est jamais arrivé de vous poser cette question, mais personnellement, je me la suis posée à maintes et maintes reprises.

Quand j'étais plus jeune, une grande partie de mes vacances d'été se passaient à Carnac, en Bretagne, sur la côte du Morbihan, plus précisément.
Carnac est une ville très étrange, puisqu'elle a énormément de menhirs. Quand je dis énormément, c'est-à-dire qu'il y a presque un menhir par habitant10.
C'est un endroit très sympa, où vous ne pouvez rien prévoir avant d'avoir vu le temps du jour, car nous sommes en Bretagne et sur la côte Atlantique.
Sur le chemin de la plage, il y avait un lieu impossible à oublier. C'était l'Igloo, ce magasin de glaces proposant plus de 200 parfums.
Si nous étions chanceux, au retour de la plage, nous avions droit à une glace. C'est à ce moment-là qu'avec mes cousins la grande bataille pour savoir quoi commander commençait, car il n'y avait pas de deuxième chance : si nous prenions un parfum qui était mauvais, c'était perdu. Bien sûr, en tant que gamin de 10 ans, je rêvais de pouvoir goûter la glace au Ricard ou à la Heineken. Je me réorientais cependant vers les parfums des bonbons Hari- bo qui étaient pour moi une valeur bien plus sûre.
Pourquoi ? Parce que Haribo a de la bouteille, sans mauvais jeu de mots. Nous savons quel est le goût de leurs bonbons et ce que nous préférons chez cette même marque.

10 https://fr.wikipedia.org/wiki/Alignements_de_Carnac

Dans les investissements, c'est pareil : il y a des investissements pour tout et il sera difficile pour vous de choisir vers lequel vous orienter.

Il existe 4 grands investissements :

– L'immobilier

– La bourse

– Les métaux précieux

– Les crypto-monnaies

– Les investissements exotiques

Pour chaque investissement, on trouve beaucoup de sous-catégories. Si je prends par exemple l'immobilier, il y a l'immobilier commercial, l'immobilier saisonnier l'immobilier locatif, etc.

Chacun de ces investissements immobiliers demandera des compétences et des moyens totalement différents.

Penchons-nous sur le point qui nous intéresse le plus : le rendement sur 40 ans pour ces différents investissements.

Les différents placements sur 40 ans11 :

RP : Résidence Principale

RL : Résidence Locative RS

: Résidence Secondaire

11 Source : https://www.agefi.fr/sites/agefi.fr/files/migrate/etudereference/FCVD-NZDDDE_ded.pdf

	Description (en 3 lignes max)	Horizon	Risque	Performance annuelle revenus réinvestis sur 40 ans	Bon pour ?
Actions ou assimilés	Titres vifs de sociétés, fonds de placement, trackers ETFs	Plusieurs années	Moyen	11,80 %	Investir dans l'économie réelle et les produits qu'on achète
Immobilier ou assimilés	RP*, RS*, RL*, trackers ETFs, SCPI, SCI, Foncières cotées	15-30 ans	Moyen	10,10%	Diversifier son portefeuille et acheter de l'immo sans les contraintes qui vont de paire
Obligations ou assimilé	Fonds euros, obligations classiques : prêter de l'argent à une entité (un État, une collectivité locale ou une entreprise)	1-10ans	Faible	7,10 %	Pour sécuriser son épargne ou placer pendant pas longtemps
Monétaire ou assimilés	Livrets réglementés (A, LJ, LDD, LEP), Livrets ou assimilésnon réglementés, Cash, etc	Très court terme	Très faible	4,20 %	Créer son fonds de sécurité / de roulement
Exotiques ou divers	Crypto, objets précieux, collections	3 ans ?	Elevé	-100/+100 %	Une petite partie du capital prête à être perdue

Il faut prendre en compte le fait que sur cette même période, il y a une inflation de 3,90 %.

Bien sûr, chaque étude pourra prendre une période différente pour faire valoir son investissement. C'est pour ça que je ne vais pas essayer de vous convaincre d'aller plutôt vers tel ou tel investissement. Je vais simplement vous donner un avis rapide.

Chapitre 14

L'IMMOBILIER

C'est le deuxième investissement le plus rentable selon l'étude présentée plus haut.

L'immobilier, la fameuse "pierre", est un investissement adoré par certains, alors que pour d'autres, il représente peu d'intérêt. Son avantage est qu'il est tangible : votre investissement est là, sous vos yeux, vous pouvez le toucher.

Pour beaucoup, c'est quelque chose de très important mentalement et émotionnellement. C'est, par ailleurs, un investissement pour lequel les banques peuvent nous aider à l'achat.

L'immobilier ne nous pousse pas à regarder chaque jour les tendances de prix mais plutôt à nous pencher sur l'évolution du prix au mètre carré. Grâce à cela, on évite de prendre des décisions sur la base de nos émotions, qui nous mèneraient à la perte.

L'immobilier fonctionne sur des cycles longs, faits de hausses et de baisses. Ces cycles sont longs car le processus d'achat/vente prend du temps. Le prix issu du rapport offre/demande est constant, mais il évolue.

Il existe une certaine barrière à l'entrée, du fait que ce soit un investissement qui prenne du temps et demande des ressources, notamment pour la recherche du bien, le processus de vente et la négociation de l'emprunt, étapes qui plaisent à beaucoup d'entre vous.

À titre personnel, je préfère l'automatisation et je considère que si je dois passer du temps sur mon investissement, c'est que j'ai perdu. Je peux cependant passer par une agence qui s'occupe- ra de tout pour moi, mais je vais perdre beaucoup de poids de marge, ce qui pourrait peut-être même donner un retour sur investissement négatif.

Certains font aussi un effort d'investissement lorsque les loyers leur rapportent moins que l'emprunt qu'ils doivent rembourser. L'immobilier n'est pas toujours en adéquation avec les envies de ceux qui veulent se lancer dans plusieurs projets, de créer leur propre entreprise ou de changer de pays, car les actes notariés nécessitent généralement de signer physiquement. On peut, cela dit, le faire depuis l'étranger, mais le parcours est compliqué et coûteux.

L'immobilier "papier" via les SCPI peut être intéressant, de même que l'immobilier commercial qui consiste à investir dans des entreprises. Il est donc possible d'investir dans ce domaine sans certaines de ses contraintes.

Ce n'est pas un investissement que nous allons développer dans ce livre, mais s'il vous intéresse, il vous sera très facile de trouver d'autres ressources qui vous donneront les connaissances nécessaires pour investir.

CHAPITRE 15
LA BOURSE

La bourse, les actions, les dividendes, vous avez sûrement déjà entendu un de ces termes. La bourse mérite un chapitre dédié.

Je ne sais pas vous, mais j'ai personnellement eu du mal à comprendre la bourse.

Je me souviens d'un jour, lorsque j'étais plus jeune, mon père écoutait les informations boursières dans la voiture familiale. Mes frères et moi devions noter les prix des dernières actions qu'il avait achetées pour les lui donner plus tard.

Une fois ces informations passées, comme j'étais intéressé, je lui ai demandé ce qu'était la bourse et comment elle fonctionnait. Je ne me souviens plus de l'explication qu'il m'avait donnée, mais je sais qu'elle était très longue et que je n'avais pas tout com- pris. J'essayais de comprendre pourquoi les prix changeaient, ce qu'étaient les actions et à quoi elles correspondaient.

Les actions sont en fait quelque chose de très simple. Ce sont des parts dans des entreprises. Lorsque nous achetons des actions, nous possédons un petit pourcentage de cette entreprise et nous sommes récompensés ou punis pour le choix que nous avons fait de les acheter.

Comme les actions nous permettent de recevoir des dividendes, c'est-à-dire que l'entreprise va nous verser une partie des béné- fices, nous entendons souvent que les dividendes sont le mal absolu, que les grandes entreprises ne veulent que satisfaire les actionnaires. Je pense que c'est totalement faux : une entreprise doit se concentrer sur la satisfaction de ses clients si elle veut perdurer.

Au-delà des dividendes, les actions font gagner une plus-value. Le prix des actions est régulé par l'offre et la demande, c'est-à- dire qu'il dépend du nombre de personnes qui veulent acheter et de celles qui veulent vendre. Il est normalement corrélé à la valeur de l'entreprise et à sa valeur future.

Si, par exemple, j'ai acheté une action à 10 €, j'espère que dans 5 ou 10 ans elle en vaudra le double.

Comment le prix des actions monte ?

Eh bien c'est assez simple : si je suis le seul à vouloir vendre cette action et qu'en face il y a deux personnes qui veulent l'acheter, ces personnes vont placer des enchères pour me donner le prix qu'elles sont prêtes à payer.

Dans cette situation, je serai en position de force, puisqu'il y a deux fois plus d'acheteurs que de vendeurs. Il y a de fortes chances que je revende mon action plus cher que je l'ai achetée, ce qui me permettra d'enregistrer une plus-value.
En revanche, si je vends mon action à un moment où il y a plus de vendeurs que d'acheteurs, j'enregistre une perte.
La bourse et un investissement fabuleux, car il est très simple à gérer et facile d'accès pour les habitants de pays développés ayant un accès aux marchés financiers.
Il ne faut pas l'oublier, nous sommes chanceux de pouvoir accé- der à ce véhicule d'investissement.

LE RENDEMENT

Les places boursières ont été mises en place à différentes époques dans chaque pays qui en a une. La première fois que nous avons pu suivre l'état d'un marché, c'était en 1926, aux États-Unis. Les autres pays ont ensuite suivi, lançant un marché global.
De 1926 à 2018, le retour sur investissement en bourse moyen aux États-Unis est de 10 à 11 %, ce qui est plutôt correct si nous utilisons une technique pour investir sur tout le marché. Lorsqu'on parle de bourse aujourd'hui, on parle en général d'un taux de rendement de 8 % par an, ce qui nous permet de doubler notre

capital tous les 9 ans environ. Je suis d'accord, ça ne paraît pas très alléchant sur le papier.

Rappelez-vous encore du calcul des intérêts composés que nous avons fait précédemment. Ce n'est pas dans les 5 ou 10 pre- mières années que nos investissements sont intéressants, mais sur 20, 30 ans.

Bien sûr, c'est une moyenne, c'est-à-dire que le retour sur investissement sur une année sera parfois perdant et cela peut même, rarement, durer sur plusieurs années. A contrario, certaines an- nées, vous aurez 20 %, peut-être même plus. C'est pour ça qu'il faut se concentrer sur la moyenne générale plutôt que de regar- der à l'année, ou 6 mois, ou pire, à la semaine près l'évolution du marché.

En parlant de hausses et de baisses, le marché boursier suit des cycles moyens. Tous les 10 à 15 ans, vous connaîtrez une période noire en bourse. Ces périodes noires sont aussi appelées "bear market", qui veut dire "le marché de l'ours".

Pour l'anecdote, ce nom reprend l'image d'un ours qui donne un coup de patte, qui commence généralement en haut à droite pour finir en bas à gauche.

À l'inverse, le "bull market" ("le marché du taureau") représente un taureau qui charge avec ses cornes en plaçant sa tête en bas à gauche pour l'envoyer en haut à droite.

Voici l'évolution du SP500 pour comprendre le top des entreprises américaines12 :

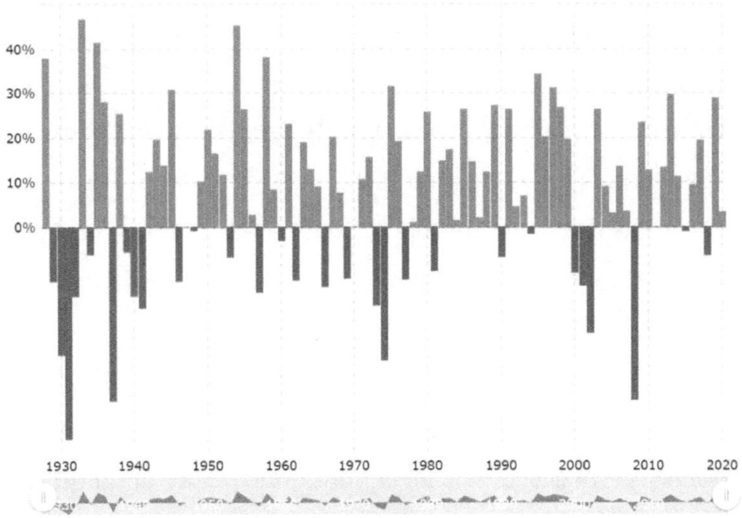

TOUT LE MONDE PERD EN BOURSE

La plupart des investisseurs en bourse perdent de l'argent. Vous vous demandez sans doute pourquoi, étant donné que le marché est toujours orienté sur le long terme.

La première raison est que certaines personnes vont prendre des décisions relatives au marché selon leurs émotions, ce qui les voue à la perte.

12 https://www.macrotrends.net/2526/sp-500-historical-annual-returns

La deuxième raison est que tous les investisseurs pensent qu'ils sont meilleurs que les autres. Ils vont donc vouloir choisir leurs achats/ventes eux-mêmes. C'est, en soi, une très bonne idée. On peut penser qu'avec une bonne analyse, ils feront les meilleurs investissements.

C'est d'ailleurs de cette façon que Warren Buffett a construit sa fortune. Peut-être que son nom ne vous dit rien ? Il fait partie du top 5 des personnes les plus riches du monde. Il a fait fortune grâce à ses investissements et notamment son fonds d'investisse- ment Berkshire Hathaway.

Il est tout à fait normal de vouloir faire comme Warren Buffett, sauf que tout le monde n'est pas lui. Pourtant, 97 % des investis- seurs pensent être meilleurs que lui et vont donc perdre de l'argent. Une méthode plus simple serait de suivre le marché, c'est-à- dire d'essayer de prendre une part large du marché boursier afin d'obtenir ces fameux 8 % par an.

Il faut savoir que nous considérons comme perdante une personne qui a un retour sur investissement inférieur au marché. Mais ce ne sont pas seulement les investisseurs particuliers qui parviennent à battre le marché. Ces fameux 8 % par an sont aussi décrochés par tous les professionnels de l'investissement. Nous pensons en général que passer par un professionnel nous permettrait d'obtenir un meilleur rendement, de la même manière que nous ferions appel à un plombier pour réparer une grosse fuite chez nous, qui travaillera de façon plus efficace et sans doute plus durable que monsieur tout-le-monde.

Le problème du monde des investissements, c'est qu'aujourd'hui, faire appel à un professionnel, c'est grignoter inutilement sur ses gains.

Les fonds d'investissement privés arrivant à battre le marché ne représentent que 3 %, c'est-à-dire que 97 % des fonds privés offriront une performance moins bonne que les 8 %. Et pour cause, nous payons des frais supplémentaires lorsque nous fai- sons appel à eux.

C'est pour ça qu'il est préférable pour vous d'apprendre à investir et d'investir par vous-même, car si nous utilisons une méthode d'automatisation (nous en parlerons plus tard), l'investissement devient très simple et accessible pour tous.

À titre d'exemple, Warren Buffett avait fait un pari contre des fonds d'investissement, aussi appelés "edge funds". Pour lui, il est idiot et inutile de passer par cette solution.

Les fonds d'investissement, tels que ceux que l'on peut trouver sur Wall Street ou à la Défense, n'ont bien sûr pas apprécié ce défi, que l'on surnommait "le pari du siècle".

Pendant 8 ans, les fonds d'investissement qui participaient à ce pari pouvaient investir dans ce qu'ils voulaient. Warren Buffett, de son côté, avait investi dans un fonds indiciel, c'est-à-dire le top des actions des États-Unis avec une automatisation.

Après 8 ans, la stratégie passive et automatique a fait ses preuves :

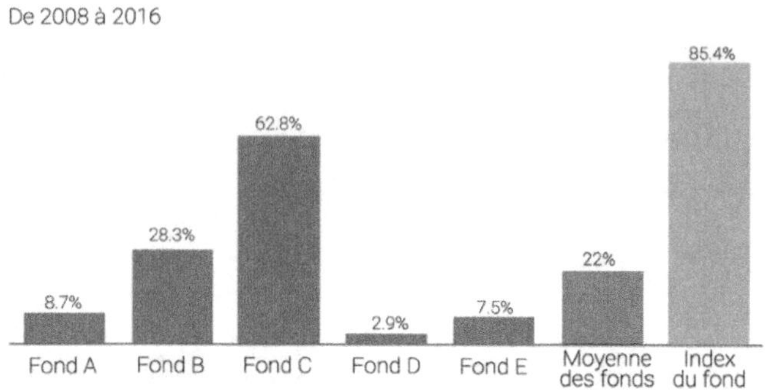

L'investissement diversifié automatique a enregistré une performance 4 fois supérieure à la moyenne des fonds d'investissement privés.

LES FRAIS : L'ENNEMI RÉEL

Si vous aviez une heure avec Warren Buffett et que vous lui demandiez conseil, il vous dirait d'investir dans des fonds diversifiés qui ont investi sur tout le marché.

Ainsi, au lieu de vous embêter à analyser action par action quoi acheter et très probablement perdre de l'argent, vous avez diversifié sur tout le marché afin d'avoir ces 8 %.

Peut-être que comme beaucoup d'investisseurs, vous vous direz "je vaux mieux que ça, je veux quelqu'un qui investisse pour moi" et cette personne sera peut-être votre banquier ou un fonds d'investissement qui vous proposera donc 3 % de frais.

Ce qui, nous sommes d'accord, n'est pas beaucoup.

Voici ce que vous auriez eu sans frais :

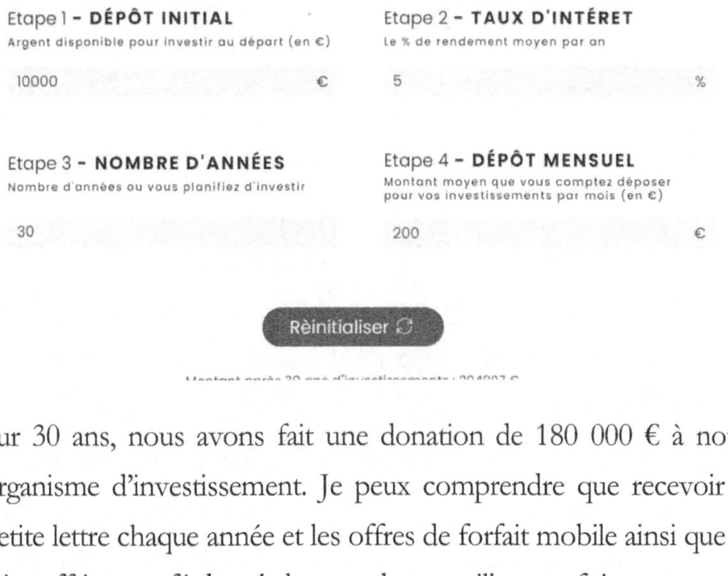

Sur 30 ans, nous avons fait une donation de 180 000 € à notre organisme d'investissement. Je peux comprendre que recevoir la petite lettre chaque année et les offres de forfait mobile ainsi que se faire offrir un café dans le bureau du conseiller une fois par an peut être intéressant pour certains, mais pour moi ça ne vaut pas 180 000 €.

Vous pouvez d'ailleurs essayer par vous-même en vous rendant sur le calculateur d'intérêts composés et en diminuant le pour- centage de rendement afin de savoir ce que ça donnera.

LA DIFFÉRENCE ENTRE ENVELOPPE FISCALE ET INVESTISSEMENT

Il faut savoir que pour des raisons fiscales et de complexification des investissements, l'État a choisi de créer tout un tas d'enve- loppes fiscales. Vous les connaissez probablement déjà.

Une des plus connues est l'assurance vie, qui est d'ailleurs le pla- cement préféré des Français et surtout de votre banquier (nous verrons pourquoi).

En 2019, le montant des cotisations collectées par les sociétés d'assurance est de 144,6 milliards d'euros (139,7 milliards d'eu- ros sur la même période en 2018)13.

Autant dire qu'à ce rythme, 3 % de frais par an, c'est alléchant. Une enveloppe fiscale regroupe un ou plusieurs investissements. Par exemple, l'assurance vie regroupe des actions, des obliga- tions et parfois de l'immobilier papier.

Même si beaucoup de personnes ont peur de la bourse, elles ont quasiment toutes des actions en bourse via leur assurance vie. Une enveloppe fiscale, c'est donc un régime fiscal appliqué à plusieurs investissements qu'on mettrait dans cette enveloppe.

Il y a plusieurs enveloppes fiscales, mais les deux plus importantes sont le Plan d'épargne en actions (PEA) ainsi que l'assurance vie.

13 https://www.ffa-assurance.fr/etudes-et-chiffres-cles/assurance-vie-collecte-nette-posi- tive-en-decembre-2019

	Description	Types de placements possibles	Horizon	Fiscalité
Assurance vie	Enveloppe fiscale très avantageuse et optimisée à but de transmission	Actions en direct, ou via fonds de placement ou ETFs, Immobilier (SCPI ou ETFS), obligations	8 ans pour bien profiter des avantages fiscaux	Après 8 ans : PS + 7,5 % d'IR après abattement de 4 600 €
PEA	Enveloppe fiscale permettant de réduire la fiscalité des ses placements en bourse (Europe)	Actions	5 ans pour bien profiter des avantages fiscaux	Après 5 ans : PS + 0 % d'IR

PS : prélèvements sociaux

BIEN INVESTIR EN BOURSE GRÂCE AUX ETF

“Ne cherchez pas l'aiguille dans la botte de foin, achetez la botte de foin.” John Boggle

Quelle est cette abréviation barbare ?

Un ETF (Exchange Traded Fund) ou, en français “fonds négocié en bourse”, est un outil d'investissement fabuleux.

Revenons sur sa création. Après plusieurs études, il a été démontré que les fonds d'investissement privés avaient une perfor- mance inférieure à la croissance générale du marché, c'est-à-dire que les grands traders que nous payons, qui ont des parachutes dorés et autres, sont, finalement, presque inutiles.

Un investisseur a dit un jour qu'il serait bien qu'un jour on puisse acheter le top des actions puis profiter d'une rebalance automatique. Ce n'est pas tombé dans l'oreille d'un sourd, puisque John Bo- gle, investisseur reconnu et notamment fondateur du fonds Vanguard, a alors décidé de créer un fonds reprenant les 500 plus grosses entreprises des États-Unis (le fameux SP500).
Cette stratégie s'est montrée toujours rentable jusqu'à ce jour. C'est d'ailleurs le conseil que donne Warren Buffett, considéré comme le plus grand investisseur de notre époque, à chacune de ses conférences annuelles.

LES AVANTAGES DE L'ETF

Les ETF sont très intéressants car ils offrent une grande diversification, à faibles frais, sont faciles d'accès pour les pays dévelop- pés et en plus de tout cela, sont automatiques.
C'est exactement le type de placement qui peut nous intéresser, puisque c'est un placement qui nous permet de voir notre argent travailler pour nous sans avoir à travailler de notre côté pour notre investissement.
Le piège de l'investisseur est d'avoir à travailler pour son investissement. S'il se dit qu'il va investir pour que son argent tra- vaille, il peut se retrouver à travailler pour lui.

Il y a deux grandes classes d'ETF :

– Les ETF de secteur : ils vont investir dans un secteur économique particulier, par exemple les énergies, l'intelligence artificielle ou l'agriculture.

– Les ETF de régions : ils vont se concentrer sur certaines régions géographiques allant du monde à un pays donné en passant par des continents.

LES MÉTAUX PRÉCIEUX

Dans les métaux précieux, il y a principalement l'or et l'argent. Certains métaux peuvent être considérés comme des investissements.

Si nous prenons le cas de l'or, il est en général considéré comme un outil de stockage de valeur. En achetant de l'or, vous n'allez pas spécialement gagner d'argent, mais vous es- pérez ne pas en perdre.

L'or est en revanche très utile pour se protéger de l'inflation. Lorsque la machine à billet tourne à toute vitesse, l'or permet de conserver son pouvoir d'achat, ce qui peut être très utile pour investir au moment où tout le monde perd de l'argent.

Sur le long terme, les actions et obligations pourront réaliser une meilleure performance que l'or.

Cela étant, nous entendons tous les 10 ans parler de l'or, puisqu'à chaque baisse du cours des actions, certains investisseurs se ruent sur l'or.

Ce n'est qu'un avis personnel, mais l'or a tendance à perdre de sa prestance. En effet, les nouveaux investisseurs ne sont que peu intéressés par ce métal précieux qui brille au soleil. Certains le considèrent comme "has-been" et préfèrent se diriger vers des investissements plus modernes.

Gardons en tête cet adage : "une pièce d'or permet de vêtir de la tête aux pieds un soldat". Ce dicton date de l'époque romaine et semble aujourd'hui toujours adapté.

Nous pouvons donc avoir un bon retour sur investissement avec l'or, mais c'est en général sur des périodes courtes, au moment où le marché tombe. Est-ce que ce sera toujours le cas dans 20 ou 50 ans ? Je ne sais pas.

INVESTISSEMENTS EXOTIQUES

Les investissements exotiques sont, qu'on se le dise, le parterre idéal pour créer les arnaques.

En effet, les investissements exotiques sont des investissements comme on connaît peu et où la connaissance est difficile à acquérir car elle est en général peu disponible.

Pourquoi ? Parce que peu de personnes investissent dans ces produits.

Est-ce qu'ils sont tous perdants ? Non. Cela dit, ils demandent souvent des compétences qui prennent beaucoup de temps à acquérir. De plus, ces investissements ont une particularité, c'est d'être très peu liquides.

Étant donné qu'on a souvent affaire à des collectionneurs, il faut trouver la bonne personne au bon moment, au risque de devoir vendre dans la précipitation, à un prix inférieur (car nous avons besoin d'argent), ou à une personne qui ne saurait pas vraiment apprécier la valeur de notre objet.

Il y a une infinité de possibilités d'investissements exotiques, mais voici les plus courants :

- Voitures de collections
- Timbres
- Montres
- Cartes à collectionner

Vous avez sûrement déjà entendu parler de Uncle Joe ou tout autre personne qui a acheté lors d'une brocante un objet pour 2 € et a pu le revendre 10 ans après pour 200 €. Il est vrai que nous faisons rarement un tel retour sur investissement.

Cependant, la valeur absolue de l'objet n'est toujours que de 198 €, ce qui n'est pas grand chose au regard de l'effort.

Une chose qui revient souvent avec les investissements exo- tiques, c'est qu'ils sont demandeurs de temps et parfois aussi demandeurs d'argent une fois l'achat réalisé.

Par exemple, nous achetons une voiture de collection sur un site de petites annonces, elle est en mauvais état et nous devons la re- mettre en état pour pouvoir la revendre. Nous allons donc d'une part devoir passer des heures à tout nettoyer et d'autre part pas- ser du temps à acheter des pièces afin de la remettre en état. Certes, nous pourrons enregistrer une plus-value lors de la re- vente, mais il ne faut pas oublier que ce n'est pas certain. Peut- être que nous n'aurons pas d'acheteur et ce modèle est difficile- ment scalable. Acheter et revendre une voiture par mois est possible mais passer à deux ou trois voitures nécessite un statut d'entreprise. Bien sûr, si nous augmentons l'offre sur le marché de ces véhicules, par exemple, leur prix va automatiquement baisser, puisque chaque investissement répond à une seule loi : la loi de l'offre et de la demande.

Les investissements exotiques sont intéressants seulement s'ils font partie de nos hobbies. Il faut bien comprendre que c'est un hobby qui peut s'avérer être plus coûteux que nous le pensons. Le Bitcoin et les crypto-monnaies étaient auparavant considérés comme un investissement exotique, mais ils se sont développées et de plus en plus de personnes investissent dedans, ce qui les fait sortir de cette classe petit à petit.

CHAPITRE 16
CE QUI EST COMMUN À TOUS LES INVESTISSEMENTS

Des erreurs en investissement, j'en ai fait beaucoup. Sans doute plus que je n'aurais dû en faire, parce que dans les investissements, la préparation technique ne fait pas tout : la préparation mentale joue aussi beaucoup.

En 2017, le cours du Bitcoin (nous en parlerons plus en détails plus tard) s'envolait. Il était passé en quelques mois de 3 000 dollars a presque 20 000 dollars. C'était l'euphorie, je pensais faire partie des personnes les plus intelligentes.

Je pensais avoir tout gagné.

Mes investissements en crypto-monnaies grossissaient à vue d'œil. En 3 mois, j'avais accumulé plus de capital que j'en avais accumulé en 24 ans.

Mais comme le dit l'adage, les arbres ne montent jamais jusqu'au ciel.

Tout investissement s'arrêtera de monter un jour ou l'autre. Ce fut le cas pour le Bitcoin et tout le marché des crypto-monnaies qui s'est écroulé en 3 mois.

On a d'abord vu une descente très rapide vers les 10 000 dollars, puis nous nous sommes petit à petit retrouvés avec un Bitcoin qui s'échangeait à 3 000 dollars.

Beaucoup ont abandonné à ce moment-là. Je les comprends, il est difficile de garder espoir dans un investissement qui baisse.

Le Bitcoin a commencé à remonter un petit peu avant 2020, pour revenir à 13 000 dollars en 2020.

J'ai observé une chose : certains vendaient lorsque le Bitcoin était à 20 000 dollars et c'est peut-être aussi eux qui achetaient lorsqu'il était à 3000 dollars.

C'est comme ça que j'ai compris qu'il y avait des points communs à tous les investissements. C'est ce que nous allons voir maintenant.

M. CYCLOMATIQUE

Si le marché avait un nom, nous l'appellerions monsieur Cyclomatique.

Tous les marchés d'investissement que j'ai étudiés suivent des cycles, que ce soit les métaux précieux, l'immobilier, la bourse, les investissements exotiques, ils sont tous à la même enseigne.

Ces cycles sont propres à chaque investissement. Certains ont des cycles courts et d'autres plus longs.

Par exemple :

– l'immobilier a, en général, des cycles longs

– la bourse a des cycles d'environ 10 ans

– les crypto-monnaies, dont le Bitcoin, ont des cycles rapides : 3 ans

C'est ainsi que nous allons aussi les suivre. Pas de façon numérique mais de façon psychologique.

Il existe un graphique qui représente très bien les émotions que nous allons vivre lors de ces cycles. Il faut savoir que les émotions, dans les investissements, ça ne pardonne pas. C'est vrai- ment l'ennemi juré de l'investisseur.

Voici la courbe des émotions que nous allons connaître :

Nous allons passer par plusieurs émotions fortes.

Au début, nous allons nous dire que ce marché n'est pas très intéressant, puis nous allons commencer à y croire de plus en plus, jusqu'au point de devenir totalement euphorique et de ne pas se rendre compte de ce qui se passe.

C'est en général à ce moment-là que nous allons prendre des risques inconsidérés, comme investir tout notre fonds de sécurité, hypothéquer notre maison, bref, faire le pari du siècle.

C'est à ce même moment que, si nous avons trop investi, nous commençons à avoir peur de ce qui pourrait se passer si nous avions tort et que le marché changeait de direction.

Au début, nous resterons confiant en se disant "c'est bon, c'est juste une correction de marché, ça reprendra plus tard". Malheureusement, ce n'est pas le cas, car la baisse va continuer. Il faut garder en tête que qui dit baisse, dit plus de vendeurs que d'acheteurs.

La baisse continuera jusqu'à la dépression afin que nous puissions capituler et encaisser nos pertes.

Nous nous dirons que ce n'est pas de notre faute, mais celle de l'État ou d'acteurs mal intentionnés. Malheureusement, comme je l'ai dit précédemment, dans le marché, il ne doit pas y avoir d'émotions et ceux qui laissent parler leurs émotions sont voués à perdre.

Petit à petit, le marché recommencera à prendre de la valeur mais nous ne le croirons pas au début. C'est finalement seulement lorsqu'il sera plus haut que nous commencerons à y croire et c'est là que nous reprendrons nos investissements.

Faisons un plan et laissons nos émotions de côté. Les bons investissements s'apprécient dans le temps et récompensent ceux qui savent être patients.

IL FAUT MIEUX DORMIR QU'INVESTIR

Quelle est la personne qui exprime le moins d'émotions autour de vous ?

Je ne parle pas de votre pire ennemi, mais peut-être de quelqu'un proche de vous. Si vous arriviez à l'imiter, vous obtiendriez la même chose que les investisseurs qui régulent leurs émotions : ils ont enregistré les meilleures performances de 2003 à 2013. Lors d'une étude très poussée, Fidelity, une entreprise améri- caine de services financiers, a conclu que ses meilleurs investis- seurs étaient des personnes décédées.

C'est là que ça devient très intéressant. Cela voudrait dire que moins on s'occupe de ses investissements, plus on réussit dans ce domaine14.

Pourtant, tout le monde fait l'inverse et s'occupe très fréquemment de ses investissements en pensant, à tort, que c'est ainsi qu'ils gagneront.

Malheureusement, ce n'est pas comme ça que ça fonctionne et comme dans toute bonne relation humaine, il faut savoir mettre de la distance.

Dans les investissements, plus vous mettrez de la distance, plus vous serez récompensé. Du moins c'est le cas pour la bourse.

---

14 https://www.businessinsider.com/forgetful-investors-performed-best-2014-9

-50% DANS TOUT LE MAGASIN

Imaginez deux secondes que vous rentriez dans un Apple Store. Vous voulez acheter une tablette et vous voyez à l'entrée : "-50 % sur tout le magasin".

Comment allez-vous réagir ? Allez-vous vous dire :

– Le prix a baissé, je n'en veux plus
– J'attends que ça baisse encore pour acheter
– Je l'avais bien dit que c'était une arnaque
– J'achète maintenant
– J'en achète deux pour en revendre une plus tard

Je pense que toute personne normale se dirait "j'achète mainte- nant" ou bien "j'en achète deux pour en revendre une plus tard". Comme si vous faisiez vos courses et que vous voyez le prix des cerises baisser, vous allez peut-être en acheter plus. Alors, pour- quoi faisons nous l'inverse dans les investissements?

Comme nous l'avons vu précédemment, les émotions nous jouent toutefois des tours. Elles nous diront de ne pas acheter, de ne pas s'investir.

Même si elles sont très utiles dans la vie de tous les jours, ce ne sont pas nos émotions qui vont construire notre retraite et notre liberté financière.

Alors pourquoi, lorsque nous investissons et que nous voyons des prix en baisse, nous ne nous disons pas que ce sont les soldes ?

Il serait absurde qu'après avoir acheté une tablette et, deux semaines plus tard, la voir en réduction de 50 %, on se dise "le prix est en baisse, il faut que je vende maintenant, sinon je vais tout perdre".

Personne ne ferait ça, alors pourquoi nous le faisons dans les investissements ?

La réponse à ces deux questions est que nous nous concentrons sur le mauvais chiffre. Ce qui compte, ce n'est pas vraiment le prix d'aujourd'hui mais plutôt quel prix on voit dans le futur et pourquoi on a investi, c'est-à-dire quelles sont les caractéristiques internes de l'investissement et quelle est sa possibilité d'évolution. Si nous le voyons plus bas dans le futur, il est probable que nous ayons fait une erreur d'analyse et il sera préférable de vendre. Mais si nous pensons que notre analyse est toujours bonne, que le marché est simplement dans un cycle et que c'est un investis- sement qui se développera, alors nous prendrons une décision, qui peut être simplement de garder nos positions ou peut-être de les renforcer.

MÉMOIRE D'ÉLÉPHANT

Il est important de se rappeler de nos erreurs.

L'avantage des investissements est que beaucoup d'études ont été faites sur les différentes erreurs possibles et les bonnes stratégies.

C'est grâce à cela qu'il a par exemple été prouvé à de nombreuses reprises que l'investissement passif et automatique est la meil- leure stratégie.

Pour autant, notre cerveau de primate laissera notre ego parler et nous faire croire que nous sommes le meilleur investisseur. Ce qui, en soit est une bonne chose, car penser cela permet aux personnes bien formées et aux bons stratèges de gagner.

Cette pensée récompense donc les personnes organisées et font payer le prix fort aux personnes qui laissent parler leur ego.

C'est pour ça que je conseille toujours d'analyser et de réfléchir sur nos erreurs, de vraiment se poser des questions plutôt que de se concentrer sur les sommes gagnées ou perdues.

À chaque fois que vous faites une opération d'investissement, d'achat ou de vente, notez les raisons pour lesquelles vous l'avez faite.

LA CONVERSATION DE CAFÉ

S'il y a bien une chose qui me dérange dans les investissements, c'est d'entendre parler des gains, entendre des investisseurs nous dire qu'ils ont obtenu 6 fois plus que l'or, que l'investissement est au plus haut et qu'ils ont réussi.

Non pas que je sois jaloux, je suis, au contraire, très content pour eux, mais en général ces personnes n'ont pas vendu.

Si un investisseur n'a pas vendu et qu'il avait 2 actions Amazon, il a toujours 2 actions Amazon. C'est seulement au moment de la vente qu'il enregistrera son gain.

C'est d'ailleurs la même chose pour les pertes : vous n'avez pas perdu tant que vous n'avez pas vendu.

Que ce soit un Bitcoin, une action, une maison, c'est quelque chose que nous avons. En revanche, sa valeur d'échange évoluera sur le marché en fonction de l'offre et de la demande.

GAGNER DU TEMPS SUR LES INVESTISSEMENTS

Nous savons dès à présent que les émotions sont véritablement notre ennemi pour les investissements. Il faut maintenant savoir qui est le meilleur ami de notre ennemi, car les amis de nos ennemis sont nos ennemis.

Le meilleur provocateur d'émotions, c'est l'actualité, car la grande majorité des informations sont négatives. Pourquoi ?

Une équipe de chercheurs finlandais a créé des cartes thermiques indiquant où et comment les émotions sont ressenties sur le corps humain15 :

Nous pouvons voir que les émotions les plus fortes sont l'amour, la joie, la colère, l'énervement, la peur ainsi que la dépression.

15 https://www.pnas.org/content/pnas/early/2013/12/26/1321664111.full.pdf

Les émotions les plus simples à créer sont la peur et la colère. Ce sont ces émotions qui sont provoquées par les sujets d'actualité. Pourquoi ? Car sans ces émotions, nous arrêterions de consom- mer les contenus créés par les médias. Si nous cessions de les consulter, ils ne pourraient plus nous montrer les publicités, qui sont leur principale source de revenus.

C'est pour cette même raison que les médias nous communiquent des informations sur la valeur d'échange de nos investis- sements au jour le jour. Ils sont en particulier friands des mon- tées et descentes.

En soi, il n'y a rien de mauvais, sauf que pour nous, investisseurs avertis, l'information n'est ni la bonne, ni celle que nous cherchons. La valeur d'aujourd'hui est le résultat des décisions qui ont été prises il y a 6 mois ou un an. Ces informations ne nous per- mettent donc pas de prendre des décisions maintenant. Elles vont simplement nous dire si nous avions raison 6 mois ou un an auparavant et nous aiguiller sur ce que nous aurions dû faire dans le passé.

N'oublions pas que ce n'est pas la valeur journalière de nos actifs qui est importante, ce qui compte est la valeur que nous proje- tons pour cet actif.

De plus, il faut garder en tête que lorsque l'actualité est devenue publique, c'est que d'autres personnes s'en sont servi avant. Si nous agissons en fonction de l'actualité, nous agissons avec deux temps de retard.

C'est pour cette raison qu'il est préférable de couper l'actualité et de se concentrer. Ça fait deux ans, si ce n'est plus, que j'ai personnellement arrêté de regarder l'actualité et je pense n'avoir rien raté. La politique est devenue avant tout un divertissement. Plutôt que de tomber dans ce piège, occupons-nous de nos investissements.

LE DERNIER PIÈGE DE L'INVESTISSEUR

Comme si ce n'était pas assez, il existe un autre piège pour l'investisseur. Ce piège est, je pense, le piège ultime dans lequel nous avons de grandes chances de tomber lorsque nous commençons à investir.

C'est le piège dans lequel je suis moi-même tombé.

Lorsque j'ai commencé à investir dans les crypto-monnaies, j'ai commencé par le Bitcoin, puis j'ai enchaîné avec deux autres crypto-monnaies.

Moins de 6 mois après, j'avais continué sur cette lancée et je me retrouvais avec plus de 30 crypto-monnaies.

Je cherchais constamment la meilleure opportunité, alors que j'étais totalement perdu. Je ne savais plus exactement combien j'avais, où je les avais et pourquoi j'avais investi.

J'avais oublié la raison de mon investissement, qui était de ga- gner en souveraineté et de faire grossir mon capital pendant que je dormais. Ce piège, c'est le piège de devenir prisonnier de ses investissements.

Nous investissons généralement pour une bonne raison. Le but est de faire travailler notre argent plutôt que d'avoir à travailler pour notre argent. Chose qui nous libérera, pour vivre par exemple dans un endroit ensoleillé toute l'année et pouvoir passer du temps avec ceux qui nous sont chers. Chacun aura son objectif ! C'est pour cela que quand nous commençons à investir, nous nous disons en général que l'on peut faire plus. Nous commen- çons donc à chercher à investir plus, nous remettons nos plans en question fréquemment, nous cherchons toujours plus de nouvelles opportunités.

En fin de compte, nous finissons par travailler pour nos investissements.

Même si nous atteignons la liberté financière et que nous n'avons plus besoin de travailler pour quelqu'un d'autre, notre job sera de gérer notre investissement et ce n'est pas forcément une meil- leure situation.

C'est pour cela qu'il faut savoir se détacher de nos investissements et apprécier le moment présent et ce sont nos investissements qui nous permettent de pouvoir encore mieux l'apprécier.

CHAPITRE 17
DÉPENSER PLUS POUR GAGNER PLUS

Qui aurait cru que les cours d'improvisation théâtrale m'au- raient autant aidé ? Je ne peux pas dire que j'étais quelqu'un de timide avant d'y participer, au contraire, j'étais plutôt extraverti. Je le suis toujours, d'ailleurs.

Pourquoi payer pour quelque chose que nous pourrions faire nous-même ?

Pourquoi payer pour participer à un cours où nous inventons des histoires ?

Je sais que l'école gratuite a presque un effet négatif. Cela peut nous faire penser que la connaissance et le savoir sont totalement gratuits, que nous pouvons accéder à l'expérience et à l'expertise de chacun sans payer.

Cependant, n'oublions pas que tous les bâtiments d'école sont payés, que tous les professeurs et personnels sont payés, que tous

les organismes autour sont payés, et qu'évidemment, le ministère de l'Éducation et son armée de fonctionnaires sont payés égale- ment. L'école n'est donc gratuite que parce que nous payons des impôts.
J'ai malheureusement mis du temps à le comprendre et c'est ce qui m'a fait prendre du retard sur mon développement personnel. Car encore une fois, pourquoi payer pour inventer des histoires en groupe ?
Eh bien ça m'a énormément aidé, car ça m'a permis d'avoir des retours sur ce que je faisais, d'avoir des remarques et aussi par- fois de me rendre compte que je faisais une erreur alors que je pensais bien faire.
Ces cours m'ont apporté beaucoup plus que je ne le pensais. Pas spécialement dans la prise de parole, même si, grâce à eux, mes ateliers en ligne sont bien plus intéressants. Ce que ça m'a apporté, c'est un changement dans ma vision des choses et du monde.
Avant, j'avais cet esprit compétitif qu'on nous apprend à l'école, je pensais qu'il devait forcément y avoir un premier et un der- nier. Hors de question de s'entraider, il fallait se battre et tous les coups étaient permis pour arriver premier.
Dans un cours d'improvisation théâtrale, c'est tout l'in- verse ! Si nous décidons tous de tirer le groupe vers le bas, l'histoire se termine rapidement.

La négativité a une li- mite : la mort. La positivité, au contraire, n'a pas de limites. Il est plus simple d'aider l'autre à aller vers le haut.
Ces cours que j'ai payés m'ont permis d'améliorer mon sens de l'entraide et ma compassion envers les autres.
Même si je ne peux pas calculer un retour sur investissement exact, je sais qu'au fond de moi, ça m'a aidé et ça m'aidera toujours.

IL FAUT DÉPENSER !

C'est une des choses les plus importantes. Si nous travaillons en permanence et que nous dépensons rien, notre travail n'a pas vraiment de sens.
Rappelons-nous tout de même qu'aujourd'hui, le but du travail est de nous spécialiser dans un domaine qui nous passionne afin de créer le plus de valeur possible et de pouvoir échanger cette valeur contre d'autres biens ou services que nous désirons.
Il faut bien sûr rester raisonnable et évaluer nos réels désirs, car n'oublions pas que les campagnes marketing qui nous ciblent ont pour but de créer en nous des désirs qui sont, à la base, inexistants.
Il faut voir l'argent comme un outil ou comme une énergie que l'on peut partager. Si, au passage, nous aidons quelqu'un à ga- gner plus de cette énergie en échange de valeur, c'est parfait.

DANS QUOI DÉPENSER ?

D'une manière générale, je dirais qu'il faut dépenser dans tout ce qui vous permettra de grandir. Cette croissance n'est pas forcément intérieure ou spirituelle, mais peut aussi se faire autour de nous.

C'est pour ça qu'il est important de se poser 5 minutes devant une feuille de papier pour réfléchir à nos désirs réels, à ce l'on veut accomplir, à ce qui nous fait plaisir et à ce qui nous permet- trait d'évoluer positivement.

Une fois notre objectif établi, il devient très simple de savoir ce qu'il nous manque pour l'atteindre.

Je vais vous donner un exemple personnel. De mes 12 ans à mes 20 ans, j'étais en surpoids. Ça m'a valu beaucoup de rires, de moqueries et surtout un profond mal-être physique et mental. Je n'étais pas complètement malheureux, mais je me mentais à moi-même.

C'est seulement quand je me suis retrouvé tout seul à l'étranger pendant 5 mois que j'ai décidé de prendre les choses en main et que j'ai perdu énormément de poids.

Après ça, jusqu'à mes 27 ans, j'étais plutôt maigre. Ayant connu le surpoids, j'avais peur de reprendre mes kilos. Je ne mesurais cependant pas ce que je mangeais. J'avais juste en tête certains codes pour savoir ce qui était bon ou mauvais pour moi.

En 2020, j'ai décidé de me donner pour objectif de peser 70 kg. À cette époque, je pesais 66 kg pour 1m79. Je me suis donc de- mandé ce qu'il fallait pour atteindre mon objectif. J'ai très vite compris qu'il me fallait un nutritionniste et un coach sportif. J'aurais pu regarder plein de vidéos sur Internet et lire différents livres pour m'aider. J'ai cependant préféré faire appel à un pro- fessionnel.

Pourquoi ?

Pour deux raisons. La première, c'est le temps. Arriver au niveau d'expertise de quelqu'un qui s'est spécialisé dans ce domaine pendant 10 ans me prendrait, moi aussi, 10 ans. La deuxième, c'est pour bénéficier d'un suivi et d'alléger ma charge mentale. En effet, je me soulageais, en appelant un professionnel, de toutes les décisions et réflexions que je pouvais faire pour at- teindre mon objectif.

Je peux donc utiliser mon énergie et mon pouvoir de décision, désormais disponible, pour le sujet qui me passionne vraiment : l'investissement.

En moins de 3 mois, j'ai fait plus de progrès avec un profession- nel qu'en faisant du sport seul pendant 5 ans.

C'est pour cela qu'il faut dépenser dans ce qui est vraiment utile pour nous. Ça peut être monter en compétences professionnellement, se divertir ou apprendre de nouvelles choses.

Ce que nous apprenons nous aidera forcément un jour dans notre vie. Pour moi, les apprentissages sont un peu les intérêts composés de la vie.

Je conseillerai toujours à quelqu'un qui souhaite professionnali- ser son activité de ne pas hésiter à dépenser dans de bons outils, de bonnes formations, de bons coachs, car c'est ce qui m'a aidé. J'ai pu me débarrasser de ce schéma négatif qui m'empêchait d'investir dans de l'expertise.

Ce livre en est un parfait exemple. J'espère qu'il vous aidera, car c'est la synthèse de tout ce que j'ai appris pendant toutes ces années. J'aimerais vous aider à éviter les problèmes que j'ai eus, mais aussi à gagner en tranquillité face à vos finances.

Nous pouvons aussi dépenser pour les tâches que nous n'aimons pas faire, à la maison ou ailleurs. Il est important de savoir les déléguer, car notre temps est trop limité pour se permettre de passer du temps sur des choses que nous n'aimons pas faire. D'autres personnes seront ravies de vous rendre ce service en échange d'argent ou toute autre valeur.

Ce qui m'a personnellement le plus aidé, c'est : un coach en nutrition, la gym, la boxe thaï, un professeur de Pilates, un professeur de mandarin, un coach en recrutement, un cours d'improvisation théâtrale, des massages, un coach business, des cours en ligne de marketing, des livres sur l'investissement.

Voici quelques autres exemples de dépenses que vous pouvez faire :

– Un professeur particulier de langue.

– Une augmentation du confort professionnel.

– La livraison d'ingrédients prêts à cuisiner (pour ceux qui n'aiment pas faire les courses mais aiment cuisiner).

– Une formation en ligne sur votre hobby.

– Une aide à l'investissement (pour gagner en autonomie financière).

– ...

CHAPITRE 18
LE CHANGEMENT DE MONNAIE

“La monnaie papier finit toujours pas retourner à sa valeur intrinsèque, c’est-à-dire zéro !” Voltaire

Les monnaies sont toutes des expériences. Pour toute personne qui produit de la valeur, qui en a produit ou qui en a perçu d’une autre personne, il est important de pouvoir l’échanger fa- cilement.

Nous l’avons vu précédemment, les monnaies nous ont permis de faciliter ces échanges. À travers l’histoire, il y a eu plusieurs formes de monnaies.

Auparavant, les monnaies étaient constituées de métal dit précieux. Ce métal jaune et brillant est le métal le plus apprécié de l’empire romain. Chaque pièce contenait donc un peu de ce métal, ce qui leur permettait de savoir exactement quelle valeur ils échangeaient.

Sauf que le gouvernement n'a de limite que son ego, de sorte que chacun avait un grand bâtiment à son nom. Gouvernement après gouvernement, les Romains ont commencé à dévaluer les pièces en les dégradant.

Le procédé était simple : lorsque les pièces arrivaient, le gouvernement les fondait, puis les mélangeait avec d'autres mé- taux moins coûteux. Avec une pièce, ils pouvaient en produire deux.

C'était plus facile que d'augmenter les taxes et ça a permis de rendre invisible la taxation. C'est cependant ce qui a entraîné la chute de l'empire romain.

Toute entité politique et gouvernement essaie toujours d'avoir un contrôle sur la monnaie. Certains gouvernements sont anti-monopoles sur certains secteurs, mais pro-monopoles sur le secteur des monnaies.

C'est en effet pour cela qu'ils souhaitent garder le pouvoir d'imprimer de l'argent quand ils le souhaitent. C'est pour cette rai- son que, pendant longtemps, l'homme créait ses propre mon- naies en dehors du contrôle du gouvernement, que ce soit des coquillages ou de l'or.

Les gouvernements ont décidé d'apposer la tête d'un personnage connu sur ces pièces ou bouts de papier afin de montrer que c'est cette monnaie qui était acceptée dans leur région du monde.

Aujourd'hui, tout est plus simple, le type de monnaie le plus répandu est la monnaie-fiat.

Une monnaie-fiat est une monnaie décrétée par l'état : un état confie à une banque centrale la gestion d'un monopole moné- taire sur une zone géographique donnée. La monnaie-fiat est émise par une banque centrale et l'état impose le cours forcé de cette monnaie-fiat. Le mot "fiat" est un mot latin qui signifie "qu'il en soit ainsi", c'est-à-dire décrété par l'état.16

Certaines monnaies comme le dollar étaient jadis indexées sur l'or. Ce n'est aujourd'hui plus du tout le cas. Que ce soit l'euro ou le dollar, aucune n'est indexée sur une valeur donnée.

De fait, les personnes ayant le contrôle de la machine à billet peuvent imprimer à l'infini sans avoir besoin de l'autorisation de qui que ce soit.

INFLATION JUSQU'À EXPLOSION

L'avantage de ces monnaies sans valeur, c'est que l'état crée une inflation illimitée, ce qui lui permet de financer les projets qu'il souhaite et d'utiliser l'argent comme il le souhaite.

Cet argent peut être utilisé pour sauver une entreprise qui a fait une mauvaise gestion financière, pour les écoles, pour les hôpitaux,

---

16 https://www.wikiberal.org/wiki/Monnaie-fiat

bref pour tous les services publics mais aussi pour les mauvaises gestions.
Aujourd'hui, 90 % de la monnaie est totalement numérique. Logiquement, seuls 10 % en circulation sont des billets et des pièces. Nous n'avons donc aucune idée et aucune possibilité de savoir combien d'argent est créé à notre insu.
Cela ne veut pas dire que ce système est négatif, mais qu'il faut être conscient que nous n'avons aucune souveraineté ni aucun pouvoir sur notre argent. Il peut, demain, perdre toute sa valeur. Je reste un grand optimiste, mais si nous regardons nos voisins en Amérique latine, le Venezuela par exemple, nous voyons qu'un gouvernement a suffi à détruire le pays et à créer une inflation désastreuse. Leur monnaie ne vaut plus rien et ils se retrouvent prisonniers de leur pays.
N'oublions pas que certaines monnaies sont très jeunes, comme l'euro, qui a été mis en circulation le 31 décembre 2001 (à mi- nuit).

L'EXPÉRIENCE DU BITCOIN

À la suite de la crise bancaire de 2008, certains d'entre nous se sont décidés à essayer une nouvelle expérience monétaire. Le 3 janvier 2009, la première transaction Bitcoin est réalisée.

Le Bitcoin a été créé par une personne ou un groupe de personnes se faisant appeler Satoshi Nakamoto.
Il se révèle être une expérience très intéressante. Au moment où j'écris ces lignes, cette expérience est toujours en cours depuis 11 ans.
Le but du Bitcoin est de reprendre la souveraineté sur notre argent. Au lieu de laisser une banque centrale décider du taux d'inflation sans nous le demander, le Bitcoin a un taux d'inflation fixe et limité.
Il y aura seulement 21 millions de Bitcoin en circulation dans le monde.
La première force de cette monnaie, c'est une inflation prévisible et limitée. La seconde force du Bitcoin, c'est que nous sommes totalement libres de l'utiliser.
Aucune banque ne peut geler votre compte, vous empêcher de faire une transaction vers un pays avec lequel les relations diplomatiques de votre pays ne sont pas bonnes. Vous avez la totale liberté de faire ce que vous voulez de cet argent.
De plus, il faut savoir que c'est un réseau. Ce réseau fonctionne continuellement, tout au long de l'année, tous les jours, 24 heures sur 24, sans le moindre souci. Nous savons tous qu'il est toujours délicat de vouloir faire un transfert bancaire pendant un week-end. C'est une tâche compliquée et frustrante, certaines banques nous

empêchent même de dépenser notre argent comme on le souhaite.
Jusqu'à ce jour, le Bitcoin a pu prouver sa haute sécurité avec un réseau mondial de plusieurs milliers d'ordinateurs qui travaillent afin de maintenir ce réseau. La valeur du Bitcoin et celle que nous lui accordons, plus le coût de la transformation de l'énergie pour résoudre des calculs.
Il est impossible de savoir où cette expérience nous mènera. On ne peut pas savoir si nous aurons deux systèmes monétaires qui fonctionneront ensemble ou si nous aurons un système qui aura pris le pas sur un autre. Le futur nous le dira.
Tout ce que je sais, c'est qu'il serait dommage de mettre tout son argent sur un seul système monétaire.
Parce que si le Bitcoin est risqué, ne pas avoir de Bitcoin et en- core plus risqué.

LE CHAMPS DES POSSIBLES

Le Bitcoin, grâce à la technologie blockchain, permet de valider le transfert d'une valeur d'une personne A à une personne B sans passer par une quelconque autorité intermédiaire.
Ce qui est fabuleux, car cette monnaie permet d'envoyer de l'argent dans des pays où les systèmes financiers ne sont pas assez développés, ce qui nous permet aussi de pouvoir avoir le plein contrôle sur notre argent.

Ce que beaucoup apprécient également, c'est le fait de pouvoir savoir exactement de combien va être l'inflation, mais aussi de savoir qu'ils ont le plein contrôle de cet argent et que personne ne peut le saisir. Mais il ne faut pas oublier que le transfert d'argent n'est qu'une partie de ce que cette technologie peut offrir.

Le transfert de Bitcoin, par exemple, n'est ni plus ni moins que l'écriture d'une transaction dans un livre public afin que chacun puisse la vérifier et s'assurer que ce transfert a bien été fait. C'est ce qui permet d'attester pour chaque partie sa possession de Bit- coin en temps réel.

Dans la vie de tous les jours, nous réalisons énormément de transactions de transfert de propriété, que ce soit des propriétés physiques ou des propriétés intellectuelles.

Au moment où j'écris ces lignes, encore beaucoup de ces propriétés sont échangées en passant par un organisme central.

Si nous prenons l'exemple de la vente d'une résidence principale, le transfert de la propriété en échange de l'argent se fait via un acte notarié.

Nous avons encore besoin du notaire pour valider le transfert et c'est en général onéreux. Le notaire n'est cependant pas inutile puisqu'il permet d'éviter des erreurs.

De nombreuses autres organisations, généralement gouvernementales, permettent de valider ou d'invalider le transfert d'une propriété. Dans un monde mondialisé comme le nôtre, où les accords entre chaque entité politique complexifient ces transferts, est-ce qu'utiliser ces systèmes parfois archaïques afin de transférer nos propriétés a encore du sens ?

La seule réponse que je peux avoir est un avis personnel. Ce qui est sûr, c'est que la blockchain permet de faciliter les transferts de propriété tout en augmentant la confiance qu'on peut avoir dans ce processus et permet à tous d'accéder au même niveau de sécurité.

Quand une entité a le plein pouvoir sur les décisions de trans- fert, elle peut à tout moment décider de s'approprier ces proprié- tés. C'est en général rare dans les pays développés, mais ça peut arriver dans d'autres régions de notre planète.

N'oublions jamais que l'économie tourne : ce qui est un jour en avance peut être en retard le lendemain.

C'est pour cette raison que beaucoup d'entre nous s'intéressent au monde de la blockchain et à ce qu'elle peut offrir.

CONCLUSION

La seule façon pour que ce livre vous soit utile, c'est de mettre en place le plus de choses possibles afin d'avoir, vous aussi, un système de gestion de finances qui vous prend seulement cinq minutes par mois.

Ce système, en vous permettant de savoir combien vous avez et où vous pouvez l'investir, vous garantira une grande tranquillité d'esprit.

Bien sûr, ce système ne sera pas parfait dès le début et son but n'est pas de l'être car la vie est faite ainsi.

En revanche, nous pouvons l'adapter petit à petit, apprendre de ce qui s'est passé au fur et à mesure et améliorer sa stratégie.

Du moins, c'est comme ça que je le vois.

Dans les pages qui suivent, vous trouverez des bonus afin de vous aider dans vos investissements.

Ce livre utilise la plus vieille façon de communiquer pour être lu : le bouche à oreille. Alors si vous avez apprécié le livre, vous êtes libre de laisser une évaluation sur Amazon.

Et si vous pensez que ce livre peut être utile à quelqu'un, n'hésitez pas à le lui partager.

Pour toute question ou suggestion, n'hésitez pas à me contacter à antoine@rousseauxlesbonstuyaux.fr

Antoine.

REMERCIEMENTS

Je tiens à remercier mes parents qui ont su me transmettre la valeur de l'argent. Certes, avec quelques idées fausses, comme vous avez pu le constater, mais ils m'ont toutefois donné un socle très solide pour la suite.

Je pense avoir eu la chance de trouver un entourage qui permettait de discuter de ces questions d'argent afin de trouver les solutions adéquates aux problématiques que cela peut soulever.

Enfin, le plus important : je voudrais remercier toutes les personnes qui suivent mes recherches sur les différents réseaux sociaux comme YouTube, ceux qui m'ont fait confiance et ont rejoint un de mes programmes. C'est grâce à vous si ce livre est là.

Bien sûr, tout ce travail n'aurait pas été possible sans la fabuleuse aide de toute l'équipe travaillant chez "Rousseaux les bons tuyaux".

TABLE DES MATIÈRES

PARTIE 3
INVESTIR

Les ateliers complets pour investir

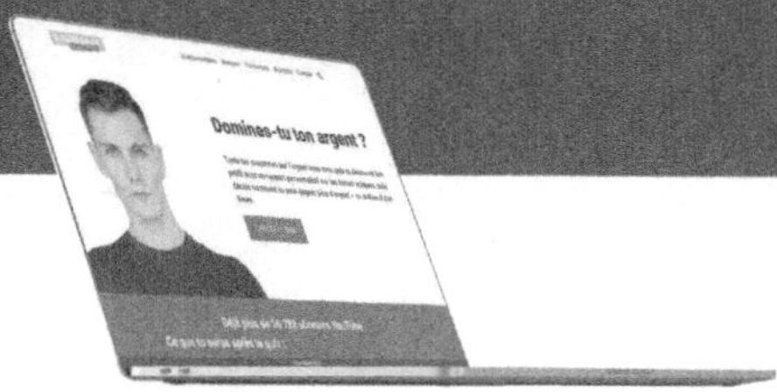

Bonus

6 heures de formations en vidéos offertes :

ATELIER BOURSE
Investir dans les plus grandes entreprises sans se prendre la tête et recevoir des dividendes tous les mois

ATELIER CRISE
Comment se protéger efficacement de la prochaine crise et en profiter

ATELIER BITCOIN ET CRYPTO
Comment investir de manière totalement passive et sécuriser

Obtenez votre ticket pour ces prochains atelier en ligne gratuitement en passant par ce lien :

www.rlbt.me/atelier

Avez vous aimé les systèmes utilisés dans ce livre ?

Alors abonnez vous gratuitement à ma chaîne Youtube :

Rousseaux Les Bons Tuyaux

Où je partage chaque semaine les meilleurs investissements que j'ai trouvés.

Vous pouvez vous abonner gratuitement et recevoir :

- du contenu exclusif
- des interviews
- mes analyses et idées

www.rlbt.me/youtube

Printed in France by Amazon
Brétigny-sur-Orge, FR

19071753R00117